SOCORRO, MEU FILHO NÃO TEM LIMITES!

CB125083

AUGUSTO CURY

SOCORRO, MEU FILHO NÃO TEM LIMITES!

Manual prático para educar filhos ansiosos, **mas muito inteligentes**

Academia

Copyright © Augusto Cury, 2018
Copyright © Editora Planeta do Brasil, 2018
Todos os direitos reservados.

Preparação: Luiza Del Monaco
Revisão: Juliana Rodrigues e Laura Folgueira
Diagramação: Abreu's System
Capa: Rafael Brum
Imagem de capa: Norbert Schaefer/Corbis/Getty Images

Dados Internacionais de Catalogação na Publicação (CIP)
Angélica Ilacqua CRB-8/7057

Cury, Augusto
Socorro, meu filho não tem limites!: manual prático para educar filhos ansiosos, mas muito inteligentes / Augusto Cury. – São Paulo: Planeta do Brasil, 2018.

ISBN: 978-85-422-1228-0

1. Educação de crianças 2. Pais e filhos 3. Disciplina infantil 4. I. Título

18-0066 CDD 649.1

Índice para catálogo sistemático:
1. Educação de crianças

2018
Todos os direitos desta edição reservados à
EDITORA PLANETA DO BRASIL LTDA.
Rua Padre João Manuel, 100 – 21º andar
Ed. Horsa II – Cerqueira César
01411-000 – São Paulo-SP
www.planetadelivros.com.br
atendimento@editoraplaneta.com.br

O autor mais lido nas últimas duas décadas no Brasil.
O psiquiatra mais lido da atualidade em todo o mundo.

Dedicatória

Dedico este livro a ____________________________

Que você sonhe em ser um dos melhores pais
do mundo.

E se sonhar, não tenha medo de falhar.

E se falhar, não tenha medo de chorar.

E se chorar, repense sua vida, mas jamais desista de
você e de seus filhos.

Por mais que eles o frustrem, certamente são os
melhores filhos do mundo.

Por quê? Porque são seus filhos!

______________________ ___/___/___

Sumário

1

Socorro, que tipo de filhos estou formando?

Não basta ser um bom educador, você tem de ser um educador brilhante e eficiente. Ter como meta educar filhos que sejam criativos, generosos, tolerantes, equilibrados e inteligentes é fundamental, no entanto, na práxis educacional, é muito mais fácil você acabar formando jovens sem limites, ansiosos, egocêntricos, tímidos e frágeis. Que tipo de criança e adolescente você está contribuindo para formar? Quais são as ferramentas que você está usando?

Educar uma criança ou um adolescente é uma tarefa extremamente complexa, que pode inclusive ser mais difícil do que dirigir uma empresa com milhares de funcionários ou governar uma nação com milhões de pessoas. Para que você possa ter uma ideia dessa complexidade, procure responder a essas perguntas: a criança em questão tem natureza real ou é virtual?

Quando você corrige seu filho, você o entende a partir dele ou a partir de si mesmo? Quando um professor intervém numa crise de ansiedade de um aluno, ele assimila a tensão e o conflito desse aluno ou entre ele e seu aluno existe um espaço infinito, pois ele o entende virtualmente?

As segundas opções é que apresentam as respostas corretas. O pensamento consciente tem natureza virtual, por isso, entendemos o outro – seja ele filho, aluno, cônjuge ou amigo – a partir de nós mesmos, de nossas crenças e experiências. Portanto, se não nos esvaziarmos de nós mesmos, se não desinflarmos nosso ego de preconceitos, nossos julgamentos serão intensamente distorcidos, destrutivos e doentios E, com isso, acabaremos por ferir aqueles que mais amamos. Pais, psiquiatras, psicólogos, juízes, professores e executivos contaminam sua interpretação muito mais do que imaginam, pois não entendem que o pensamento é de natureza virtual. Estudar o pensamento é estudar a última fronteira da ciência, pois sua principal matéria-prima é o próprio pensamento. Se você quer impor limites inteligentes aos seus filhos, tem de conhecer qual é o maior de todos os limites. Se você entende o mundo virtualmente – ou seja, se você não é nenhum tipo de deus –, seus julgamentos não são verdades absolutas e, então, suas correções não podem ser autoritárias.

Se você gritar, elevar o tom de voz e pressionar seus filhos, estará usando o pensamento como se fosse real e concreto, atuando, então, como deus. Se você chantagear, criticar excessivamente e for insistente demais, estará novamente agindo como um deus, pior ainda, um deus insuportável, entediante e chato. Há milhões de pais insuportáveis por aí, mas é muito importante ter em mente que pais chatos não conquistam o território da emoção dos seus filhos. Quando eles abrem a boca, as crianças já sabem tudo o que vem pela frente e, assim, fecham o circuito da memória e simplesmente não assimilam a correção dos pais.

Sem perceber, os pais que agem dessa maneira acionam um fenômeno no inconsciente de seus filhos que registra tudo no córtex cerebral sem autorização do Eu ou mesmo da capacidade de escolha. Esse é o chamado fenômeno de Registro Automático de Memória (RAM), que atua no cérebro a uma velocidade espantosa, arquivando as grosserias, ansiedades, irritabilidades e intolerâncias dos pais, criando, assim, janelas killer ou traumáticas. Muito provavelmente, mais de 90% das correções, broncas e críticas que os pais expressam a seus filhos os tornam ainda piores, pois, ao invés de impor-lhes limites, fazem com que as crianças e os adolescentes fiquem mais inquietos, inseguros, alienados e rebeldes.

Se a educação não for baseada em técnicas inteligentes, os resultados na formação da personalidade podem ser desastrosos! Atualmente, os adultos têm produzido muito mais janelas killer ou traumáticas nas crianças e nos jovens do que janelas light ou saudáveis – as que nutrem empatia, afetividade, resiliência e ousadia. Pais, por favor, reflitam sobre este tema: se o pensamento é virtual, se somos educadores limitados e não deuses, o que é educar, afinal?

Educar não é modificar a mente dos educandos, mas, sim, levá-los a pensar antes de agir; não é adestrar o cérebro, mas, sim, levar os educandos a desenvolver consciência crítica; não é cobrar demais, mas, sim, conduzi-los ao autocontrole; não é superproteger, mas, sim, estimulá-los a trabalhar perdas e frustrações; não é punir ou machucar, mas sim incentivá-los a serem líderes de si mesmos; não é dar broncas, mas, sim, fazer com que se coloquem no lugar dos outros. Dá para perceber que a educação mundial está doente, formando pessoas doentes, para uma sociedade doente.

Muitos pais não inspiram e nem motivam seus filhos a sair do cárcere do conformismo. No entanto, o verdadeiro educador é o piloto da aeronave mental que contribui para que filhos e alunos realizem sua mais importante viagem. E que viagem é essa? Para dentro deles mesmos, para mapearem seus conflitos, reciclarem-se e reescreverem suas próprias histórias. Mas é importantíssimo ter consciência de que não existem pilotos perfeitos. Respeitando a cultura em que o indivíduo está inserido, as metas fundamentais dos pais deveriam ser a promoção da capacidade de gestão da emoção de crianças e jovens para que possam ser minimamente pacientes, proativos, ousados, estáveis, autônomos, altruístas, seguros, carismáticos, empáticos e capazes de aplaudir a vida sem reclamar de tudo e de todos.

Essas metas previnem transtornos emocionais, homicídios, suicídios, guerras, corrupção, discriminação, violências contra crianças, mulheres e minorias e colaboram para a pacificação de conflitos e para a preservação do meio ambiente. Se essas metas não forem alcançadas, a sociedade adoecerá. Nesse caso, o privilégio de termos um cérebro superevoluído, em comparação com mais de 10 milhões de espécies, se transformará em um verdadeiro desastre. Como já temos muitos indícios, a humanidade se autodestruirá por completo. Então, ao invés de nos dar uma tremenda vantagem, a superevolução que nos diferencia, na realidade, nos torna meninos com bombas nas mãos: bombas de ansiedade, de depressão e de egocentrismo. Por conta disso, muitos pais, em muitos países, me dizem: "Socorro, meus filhos não têm limites! Socorro, que tipo de filhos estou formando?".

Se os pais não souberem gerir sua própria emoção nos focos de tensão, como ensinarão seus filhos a fazer o mesmo? É praticamente impossível! Se os pais têm alto índice de Gasto de Energia Emocional Inútil (GEEI), ou seja, se sofrem excessivamente pelo futuro, como evitar que os filhos façam o mesmo? Se os pais ruminam mágoas, como evitar que os filhos não se afundem na lama das perdas, das frustrações e do *bullying* nas escolas? Se os pais cobram demais de si próprios, como poderão formar filhos tranquilos, que saibam lidar com os picos de estresse da vida? Se os pais frequentemente são consumidores irresponsáveis de energia do seu planeta cérebro, então, terão grandes chances de fazer com que seus filhos também desenvolvam um altíssimo índice de GEEI!

A situação é tão grave que, por exemplo, nos Estados Unidos e em muitos outros países onde dou conferências e meus livros são publicados, há muitos diretores de escolas espantados com o comportamento agitado e egocêntrico dos alunos, que acreditam que muitos deles são portadores de Transtorno de Déficit de Atenção e Hiperatividade (TDAH). No entanto, muito frequentemente, essas crianças não são de fato hiperativas, embora tenham sintomas parecidos, mas, sim, portadoras da Síndrome do Pensamento Acelerado (SPA) associada ao GEEI. O diagnóstico equivocado acontece porque a maioria dos professores não conhece os bastidores da mente humana. A irritabilidade e a inquietação da juventude atual são provocadas em grande parte pelo sistema social doentio e pelo rapidíssimo universo digital que construímos, não pela carga genética. Que crime estamos cometendo com nossos filhos e alunos!

Devemos educar filhos para serem autoritários ou atores democráticos? Personalidades egocêntricas ou generosas? Mentes encaradas ou livres? Essas são as questões que temos de ter sempre em mente. Para educar filhos saudáveis, criativos e socialmente responsáveis, é preciso impor-lhes limites com inteligência. Caso contrário, formaremos pequenos reis que exigirão que seus pais e o mundo a sua volta gravitem em sua órbita, e não seres humanos apaixonados por servir a sociedade. Seus filhos são reis ou jovens que amam servir? É muito fácil falhar nessa questão, mas as consequências desse erro são gravíssimas. Infelizmente, os pais no mundo todo, dos países orientais aos ocidentais, estão frequentemente perdendo o controle da educação de seus filhos, e raramente estão formando seres humanos altruístas, que têm prazer em se doar e em fazer os outros felizes. Eles se colocam sempre em primeiro lugar; em segundo lugar, também vêm eles; e, em terceiro, eles de novo.

Todo ser humano – incluindo crianças e jovens, individualistas e egoístas – é dramaticamente infeliz e ansioso. Por quê? Porque precisa de condições especiais, como muitas posses e aplausos, para conseguir se sentir minimamente alegre. Miserável emocionalmente, ainda que more em palácios, é verdadeiro doente, mesmo que seus pais sejam relativamente saudáveis.

Educação inteligente, com limites saudáveis, nos oferece proteção, financia a maturidade, a solidariedade, a cumplicidade, a interação social, a resiliência e a capacidade de trabalhar perdas e frustrações e também de assumir riscos com responsabilidade.

Nota do editor: Parte do conteúdo dessa obra é baseada no livro *20 regras de ouro para educar filhos e alunos*, de Augusto Cury.

Socorro, perdi o controle dos meus filhos!

Neste livro, usarei as técnicas de gestão da emoção, que é o melhor dos treinamentos de *coaching*, educação emocional e formação de mentes brilhantes, pois envolve os fenômenos que estão nos bastidores de nossa mente e que nos transformam em *Homo sapiens*, uma espécie pensante. A gestão da emoção é mais penetrante e melhor aplicável do que a inteligência emocional. Anos antes de o ilustre Daniel Goleman publicar o livro *Inteligência emocional*, eu já desenvolvia as teses de gestão da emoção. Metaforicamente falando, a inteligência emocional é uma montanha bela, mas distante; acessível, mas impenetrável. Já a teoria da gestão da emoção compreende técnicas para que o ser humano imploda essa montanha, recolha os blocos rochosos e construa as habilidades fundamentais para ser autor de sua própria história.

E quais são essas habilidades da gestão da emoção? Gerir os pensamentos, proteger a emoção, trabalhar perdas e frustrações, pensar antes de reagir, ser empático, reinventar-se em momentos de crise, reeditar as janelas traumáticas, ser flexível, tolerante e altruísta.

2

Socorro, eu não conheço o planeta emoção!

Em todas as nações, a emoção é um planeta desconhecido e pouquíssimo estudado. Nem mesmo os cursos de psicologia, pedagogia, sociologia, direito e psiquiatria abordam o tema com a profundidade necessária. Os profissionais saem malformados para conhecer e explorar o mais complexo de todos os planetas, que pode tanto se transformar numa fonte de prazer quanto numa fonte de estresses, pesadelos e cárceres. Aliás, no cérebro humano, há mais cárceres do que nas cidades mais violentas do mundo. As fobias podem ser consideradas alguns exemplos desses cárceres, como a glossofobia (medo de falar em público), a fobia social (medo de frequentar ambientes sociais), a claustrofobia (medo de lugares fechados), a futurofobia (sofrimento por antecipação), entre outras. Vamos ver alguns conceitos erradíssimos que são ensinados em cursos superiores sobre o planeta emoção, teorias que afetam diretamente os pais na educação de seus filhos.

Falso conceito 1: a emoção amadurece por si mesma

Este conceito é falso porque a emoção é inconsciente: se não for trabalhada, ela nunca passará de um pequeno bebê. Quem pode e deve amadurecer a emoção é o Eu, que representa o gestor da mente humana, com capacidade de escolha e consciência crítica.

Se o Eu não aprender a dar um choque de lucidez nos sentimentos, não filtrar estímulos estressantes e não impugnar cada pensamento perturbador ou cada falsa crença, a emoção seguirá sempre infantil e hipersensível. E uma emoção infantil frequentemente compra aquilo que não lhe pertence, como ofensas, rejeições e calúnias. Uma emoção que não é gerida pelo Eu transformará sua personalidade num inferno psíquico, pois um simples olhar atravessado será capaz de estragar um dia, uma crítica destruirá uma semana e uma traição comprometerá toda uma vida. Tente pensar em como você lida com seus estímulos estressantes. Você faz de sua mente uma lata de lixo ou sabe se proteger?

Não adianta nada você fazer seguro de casa, de vida ou de empresa se não tem um seguro emocional. E, indo um pouco mais além, como você poderá cuidar da saúde emocional de seu filho se não sabe cuidar de forma inteligente e saudável de sua própria saúde?

Todos nós conhecemos pessoas que já passaram dos 30, mas que têm idade emocional de 10 ou 15 anos. Basta que sejam minimamente contrariadas e elas entram em profunda crise. Ninguém pode apontar suas falhas que logo começam a se defender exaltadamente. Se ofendidas, elevam o tom de voz e ficam totalmente perturbadas. Vocês, pais, precisam aprender a ser gestores da sua própria emoção para poderem ensinar aos seus filhos os limites inteligentes.

Falso conceito 2: a emoção é equilibrada

Este é outro conceito equivocado defendido por muitos profissionais da saúde mental e difundido entre a população em geral. Não existe equilíbrio no psiquismo humano. Toda mente tem de ser minimamente desequilibrada para que possa ser produtiva. Cada pensamento se organiza, se desequilibra e desorganiza, para só depois se reorganizar e formar novos pensamentos. Cada emoção se constrói, se desconstrói e se reconstrói continuamente. E é esse desequilíbrio psíquico saudável que nos transforma em uma usina de pensamentos e emoções.

Se não houvesse esse campo de desequilíbrio contínuo em nossas emoções, nós não seríamos seres humanos produtivos, não seríamos artistas, escritores, músicos, profissionais, pais e amantes. Não espere que seus filhos sejam frequentemente equilibrados, pois você também reage muitas vezes sem pensar. Não espere que eles sejam sempre coerentes, pois você também tem reações ilógicas. Só os computadores são sempre lógicos e previsíveis, e por isso são tão entediantes. Você não conseguiria amá-los. Nós todos somos e convivemos com seres humanos desequilibrados, imperfeitos e imprevisíveis, por isso, abrace mais e julgue menos, compreenda mais e exclua menos.

Em suma, há um desequilíbrio pertinente ao campo de energia psíquica que se expressa em nossos pensamentos e comportamentos. Todavia, o que não pode haver é um desequilíbrio dantesco, altamente flutuante. Por exemplo, se uma pessoa está tensa pela manhã, tranquila no horário do almoço e tem crises de ansiedade durante à noite, seu desequilíbrio emocional está fora da normalidade. Uma pessoa severamente incoerente, instável e impulsiva perturbará todos na família e no trabalho, e nem ela mesma se suportará.

Gerir a emoção para termos o mínimo de estabilidade e previsibilidade é vital para nossa saúde mental. E aprender a lidar com limites é fundamental nesse processo. No entanto, muitos pais são instáveis e impulsivos, exigindo dos filhos aquilo que eles mesmos não conseguem expressar. Seja coerente antes de liderar seus filhos. Seja, em primeiro lugar, um líder de si mesmo. Antes de impor limites inteligentes aos seus filhos, aprenda a lidar com seus próprios limites.

Falso conceito 3: a emoção tem a mesma dimensão ao longo da vida

Esse é um dos mais graves equívocos em relação à emoção, defendido inclusive pelos que se acham peritos em inteligência emocional. Eles simplesmente desconhecem o fato de que o planeta emoção se expande durante o processo de formação da personalidade. Se não estimularmos a emoção dos nossos filhos e alunos, elogiando cada comportamento saudável deles, aplaudindo cada gesto empático, exaltando o bom humor, a capacidade de ousar, de pensar antes de reagir e de se doar, o planeta emoção não se expandirá de forma rica, produtiva e estável. Entretanto, muitos pais, além de não promoverem a emoção de seus filhos, as asfixiam. Pais que são apenas apontadores de falhas estão aptos a conviver com máquinas, mas não a expandir a emoção de seus filhos e formar mentes livres.

Os psicopatas, por exemplo, expandem pouquíssimo e de forma destrutiva o planeta emoção. Perdas, privações, abusos e violências na infância, se não forem bem trabalhados, podem comprometer profundamente o desenvolvimento emocional, a generosidade, a sensibilidade e o prazer em ver os outros felizes. Ninguém nasce triste ou feliz, tímido ou sociável, individualista ou doador – embora geneticamente se possa nascer com maior ou menor limite para suportar estímulos estressantes –, essas características são desenvolvidas ao longo da vida.

A emoção, metaforicamente falando, é como uma bola de pingue-pongue: diminuta, mas, com uma boa educação, tem a possibilidade de se expandir e se tornar um "planeta".

Se a emoção for dilatada de forma doentia, nutrida por consumismo, egoísmo, superproteção, formará um planeta emocional triste, ansioso e pouco empático, ou seja, sem flores, florestas e oceanos. Mas, se a emoção for expandida com um amor inteligente, liberdade responsável, capacidade de se colocar no lugar do outro, autonomia e resiliência, ela se tornará um planeta emocional belíssimo, aprazível e sustentável. Que tipo de planeta emocional está sendo formado em seus filhos?

Limites inteligentes nutrem o Eu – que representa a consciência crítica e a capacidade de escolha – para que o indivíduo seja um ator social ponderado, tendo bem estabelecidos os seus direitos e deveres. Sem limites, o Eu se torna um ditador com capacidade, inclusive, autodestrutiva. Sem limites, o Eu é egocêntrico, individualista e egoísta. Sem limites, somos ditadores dos outros e de nós mesmos. As sociedades humanas são fontes de liberdades reguladas por inúmeros limites, da velocidade máxima dos carros à altura permitida do som, das filas no caixa do supermercado aos deveres civis.

Os limites, entretanto, devem ser inteligentes. Não podem simplesmente ser castradores, sabotadores ou punitivos, mas devem promotores da formação do ser humano como líder de si mesmo, como ser autônomo, protagonista de sua história e corresponsável pelo bem-estar social.

As famílias e as escolas não são democracias, mas berços para o desenvolvimento da democracia, um canteiro para que liberdade e responsabilidade possam florescer juntas. Pais frágeis tendem a dar às crianças os mesmos direitos que eles têm, não conseguindo impor limites inteligentes. Escolas permissivas também tendem a oferecer liberdade excessiva aos alunos, comprometendo, assim, o desenvolvimento do Eu.

Os filhos não devem nem podem ter os mesmos direitos que os pais. Uma criança, por exemplo, não deve dormir a hora que quer e, se os pais assim o permitirem, estarão educando seres humanos irresponsáveis com a própria saúde física e mental.

As crianças não podem almoçar e jantar quando quiserem nem comer apenas os alimentos dos quais gostam, pois, assim, certamente, se nutrirão com alimentos industrializados de altíssimos níveis calóricos e alto teor de sódio, desenvolvendo riscos de obesidade, além de outros transtornos.

As crianças e os adolescentes não podem jogar videogames e utilizar aparelhos celulares sem limites e contrapartidas – como ler livros e ajudar nas dinâmicas familiares. Caso contrário, os filhos serão intoxicados digitalmente, desenvolverão ansiedade, insatisfação crônica e dificuldade de lidar com estresse e elaborar experiências.

As crianças e os jovens têm muito mais direitos do que seus pais: direito de estudar, brincar, praticar esportes, curtir os amigos e se aventurar. Além disso, os pais deixam de dormir para que os filhos tenham um bom sono, adiam alguns sonhos para que eles possam sonhar, labutam arduamente para que suas crianças tenham todas as suas necessidades supridas. No entanto, muitos filhos não reconhecem a grandeza e o valor dos pais e não demonstram qualquer gratidão.

Mas em casos assim, quem são os verdadeiros culpados, os pais ou os filhos? Certamente, a culpa é dos próprios pais. Gratidão não é um dom genético, mas, sim, uma habilidade socioemocional complexa. Os pais estão errados ao oferecer aos filhos uma vida extremamente fácil, sem limites, sem contrapartidas, cheia de regalias e sem nenhum dever. Não ensinar às crianças deveres básicos nem atribuir-lhes alguma responsabilidade gera autoritarismo, consumismo e ingratidão. Se tiverem a oportunidade, os jovens criados dessa maneira podem estar a um passo do uso de drogas, por exemplo.

Filhos sábios deveriam respeitar o próprio corpo, os pares e os pais. Mentes brilhantes sabem que a vida é brevíssima para se viver, mas longuíssima para se errar, inclusive consigo mesmo. Alunos inteligentes aprendem a se colocar no lugar dos outros e a pensar nos seus próprios atos.

Socorro, meus filhos são mendigos emocionais!

Pais felizes têm mais chances de formar filhos felizes. Pais mal resolvidos tendem a dar em excesso para os filhos tudo aquilo que não tiveram. E qualquer coisa em excesso – até mesmo água – pode trazer graves efeitos colaterais.

É claro que os pais devem ter os filhos em altíssima conta, entretanto, não devem deixar de viver suas vidas, desenvolver seus projetos e lutar por seus sonhos. Os pais têm de namorar mais, por exemplo, e experienciar uma existência emocional e social agradável. Amar os filhos não quer dizer se anular por eles, ser permissivo, fazer todas as suas vontades e atender a seus pedidos sempre com urgência. A maior urgência durante a criação dos filhos é transformá-los em autores de sua própria história.

Educadores inteligentes colocam limites inteligentes para seus filhos e alunos. Respeitando a cultura, a religião e o nível social das famílias, vou dar alguns exemplos de limites inteligentes.

Nos meus livros *O homem mais inteligente da história* e o *O homem mais feliz da história*, comento que estamos na era dos mendigos emocionais. Crianças e adolescentes, incluindo os que moram em belos apartamentos e belas casas, estão mendigando o pão da alegria, precisando de muitos estímulos para só então terem algumas migalhas de prazer. Nessas obras, relato tristemente o fato de os pais da atualidade terem se especializado em dar aos filhos aquilo que o dinheiro pode comprar, mas não aquilo que não tem preço, ou seja, a sua história, as suas frustrações, as lágrimas e as vírgulas que usaram para escrever os capítulos mais nobres de suas vidas nos momentos mais angustiantes de sua existência.

Espero que você consiga colocar limites com inteligência e para isso saiba dar, em primeiro lugar, tudo o que é essencial para quem você ama, a sua própria biografia. Por favor, não gerem mendigos emocionais que gritam "não tem nada para fazer nessa casa", que querem tudo pronto e de imediato, que não sabem ouvir um "não", que são especialistas em reclamar e que estão constantemente insatisfeitos com seu corpo e com sua vida.

3

Socorro, quais são os limites que eu devo colocar?

Queridos pais, colocar limites aos seus filhos é uma arte. Para tanto, saber a melhor maneira de fazer isso e identificar os limites mais importantes é fundamental. Há muitos defeitos nas relações de um casal que são suportáveis, podendo até ser considerados um charme. Nunca tentem mudar a ferro e fogo tudo em sua esposa ou seu marido que você considera um defeito, pois você também é cheio deles.

Do mesmo modo, há muitos defeitos que podem ser revelados em seus filhos, mas lembre-se sempre de que, quando criança e adolescente, muitos de nós também não éramos fáceis de lidar. Pais que são especialistas em apontar falhas e que reclamam muito de seus filhos, estão aptos para consertar máquinas, mas não para formar mentes brilhantes. Entretanto, há limites que podem e devem ser colocados, caso contrário, nossos filhos terão chances reduzidas de ter sucesso na vida como profissionais, cidadãos, futuros pais e, inclusive, como seres humanos.

Limites são importantes para aprendermos a sermos felizes, responsáveis socialmente e emocionalmente saudáveis. Neste capítulo, vou comentar dez limites inteligentes fundamentais que os pais deveriam impor com sabedoria a seus filhos.

Limite 1: dar valor ao dinheiro

Considero que os problemas financeiros causados pelo consumismo – como dívidas, falências e compromissos impossíveis de serem cumpridos – sejam tão graves quanto os traumas de infância. Em muitos casos, são ainda mais estressantes. Por exemplo, uma pessoa que tem glossofobia, ou seja, medo de falar em público, só se estressará quando estiver reunido com uma grande equipe ou diante de uma plateia, enquanto uma pessoa que está endividada pode ser atormentada dia e noite, inclusive por pensamentos perturbadores. Ensinar os filhos a lidar com dinheiro de maneira consciente, mesmo que você seja um bilionário, é fundamental para que eles tenham sucesso na vida, sejam mentalmente livres, criativos, responsáveis e saudáveis.

Numa sociedade consumista, que nos transforma em compradores em potencial e que não se importa com o futuro emocional das crianças e dos jovens, controlar gastos e economizar são atitudes essenciais. Por isso, dar mesadas, por exemplo, pode ser uma boa estratégia para impor limites financeiros. Ter, desde cedo, uma quantia de dinheiro restrita e não em abundância é vital para que as crianças e os adolescentes não se tornem adultos consumistas desenfreados. Ter acesso a muito dinheiro e bens materiais pode ser uma grande desvantagem emocional, criando janelas killer que superexcitam uma mente insaciável e fazendo com que crianças e adolescentes mendiguem o pão da alegria.

Não apenas a falta de dinheiro caracteriza um indivíduo pobre, mas também sua abundância é capaz de empobrecer a personalidade, asfixiar a generosidade, o altruísmo, o prazer de viver, a resiliência e a autonomia. Os jovens devem gerir sua emoção para saber que rico é aquele que conquista o que o dinheiro não pode comprar, como amor, autoestima, cooperação, ousadia e capacidade de empreender. Filhos que não têm limites em seus gastos não terão limites na vida.

Limite 2: arrumar a cama

Pode parecer banal exigir que seus filhos se comprometam a arrumar a própria cama, mas é importante que crianças e adolescentes assumam pequenas responsabilidades desde a mais tenra infância. A vida humana é como um contrato social que tem muitos direitos e inúmeros deveres. Aprender a se comprometer com esses deveres é fundamental para se viver de forma inteligente e produtiva na sociedade.

Ainda que você tenha ajudantes ou empregados que possam arrumar a cama de seus filhos, é melhor que eles mesmos assumam essa responsabilidade. E sempre que eles cumprirem com seu dever, aplauda-os e valorize-os para que o fenômeno RAM arquive as janelas light, ou saudáveis, que incentivam o prazer de servir, de cumprir com os deveres e de fomentar a felicidade dos pais.

Nas minhas palestras, falo muito sobre o trabalho intelectual escravo. Crianças que têm tempo para tudo, menos para serem verdadeiramente crianças. Fazem cursos de línguas, informática, esportes, ficam horas envolvidas com videogames e redes sociais, mas não brincam, não praticam esportes e também não se reinventam. Por conta disso, não são relaxadas nem flexíveis e têm grandes dificuldades de lidar com perdas e com compromissos sociais. O excesso de atividades intelectuais esgota o cérebro. Mas arrumar a cama, ainda que não fique perfeita, estender o lençol, colocar o travesseiro no lugar, guardar os sapatos e as roupas no cesto são tarefas que não causam nenhum tipo de esgotamento. São trabalhos saudáveis, demoram poucos minutos, mas são fundamentais para mostrar às crianças, desde muito cedo, que a família é um time.

Ensinar que a cama é um solo sagrado para repor energia física e mental também é importantíssimo. Arrumar a cama pela manhã após uma noite agradável de sono tem de ser um ritual prazeroso e não tedioso. Essa simples atitude é capaz de fomentar a disciplina e contribui para formar crianças e jovens responsáveis.

Limite 3: guardar pratos e talheres

Tarefas simples que não afetam o corpo das crianças e dos adolescentes, mas que os levam a fazer parte do grupo familiar são fundamentais para que eles entendam que a família é um time. E, nesse time, todos participam e colaboram uns com os outros. Os filhos não estão no banco de reserva, eles devem se sentir atuantes e decisivos para a dinâmica familiar.

Nossa concepção depende de nossos pais, nosso nascimento depende dos médicos, nossos primeiros passos dependem do apoio de adultos, nosso aprendizado depende dos professores, a comida que está em nosso prato depende do agricultor que a cultivou e de quem a preparou, até mesmo uma morte digna depende de alguém para nos enterrar. Somos seres altamente dependentes, por isso, a gratidão é vital para a saúde emocional e a cooperação é fundamental para a saúde social.

Quem só tem direitos e não deveres acaba por se tornar um pequeno ditador. A criança que não aprender desde cedo a lidar com limites será egocêntrica, transformará seus pais em seus serviçais e desejará que o mundo gravite em sua órbita.

Limite 4: realizar tarefas escolares

As tarefas da escola são sagradas e devem ser realizadas com assiduidade e disciplina, embora saber estudar seja mais importante do que o tempo que se dedica ao estudo. Desde a educação infantil, as crianças devem ter prazer em estudar e a escola deve ser encarada como um restaurante do conhecimento, não como uma fonte de tédio. Para isso, as regras para um professor conquistar de maneira definitiva seus alunos em sala de aula que apresento neste livro são tão importantes.

Pais e professores deveriam mostrar que fazer as tarefas da escola não é um sacrifício, mas sim um oásis. Entretanto, esse processo tem de começar desde muito cedo, pois não adianta tentar convencer um adolescente que nunca foi disciplinado a estudar de que a tarefa escolar é um paraíso.

Desde muito pequenas, as crianças devem acreditar que são inteligentes, capazes e importantes para a família, a escola e a sociedade em que estão inseridas. Cada progresso, cada resposta e até mesmo cada crise devem ser aplaudidos para que se formem janelas light, ou saudáveis, que colaboram com o desenvolvimento de habilidades socioemocionais e com a formação de um Eu forte, seguro, ousado e afetivo. As crianças devem aprender a ter prazer em estudar não apenas para as avaliações, mas para toda a vida. O conhecimento precisa ser uma aventura.

Alunos deveriam entender que matéria dada é matéria estudada e matéria estudada é matéria recordada. Estudar de quinze a trinta minutos a matéria dada no dia e recordar por mais cinco minutos seus pontos principais nas semanas seguintes é uma forma de pulverizar os arquivos dentro da Memória de Uso Contínuo (MUC) e dar um salto no rendimento intelectual.

Pais não devem nunca fazer as tarefas pelos filhos. Se as crianças não se dedicarem ao dever escolar tão logo se alimentarem e descansarem, explique a elas o quanto isso é necessário e mostre as consequências de deixarem essa responsabilidade de lado. Restrinja o uso de celulares, videogames, TV e outras coisas de que gostem por certo período. Simples assim, não é necessário elevar o tom de voz e muito mesmo se irritar.

Limite 5: usar celulares com inteligência

Colocar limites no uso de celulares e outros dispositivos digitais é um dos maiores desafios da educação mundial nos dias atuais. Em suas últimas entrevistas, Steve Jobs afirmou que não permitia que seus próprios filhos usassem iPhone. Pelo menos, acredito eu, não em excesso. Entretanto, ainda que sua empresa tenha se tornado uma das mais poderosas do mundo, ele não imaginava que os *smartphones* poderiam viciar um ser humano tal como uma droga psicoativa. O fenômeno RAM, o biógrafo do metabolismo cerebral, arquiva uma quantidade de estímulos jamais experimentada na história da humanidade. Esse excesso de estímulos digitais, na forma de sons e imagens, excita de forma frenética os quatro fenômenos inconscientes que leem a memória sem autorização do Eu: o gatilho da memória, a abertura de janelas da memória, a ancora e o autofluxo.

Esses quatro fenômenos são, metaforicamente falando, copilotos do Eu para dirigir a aeronave mental, que tem como objetivo transformar a mente humana numa agradável usina de pensamentos e emoções. Entretanto, esses copilotos, como estudaremos mais adiante, podem acabar dominando o Eu e gerando uma hiperconstrução de pensamentos, produzindo a SPA. Sendo assim, a mente não descansa e o excesso de pensamentos esgota o cérebro de forma brutal, levando as pessoas a acordarem cansadas e sofrerem por aquilo que ainda não aconteceu. Veremos posteriormente que a intoxicação digital pode se tornar uma fonte de graves transtornos emocionais e trazer consequências seríssimas para a saúde mental.

Não é sem razão que estamos assistindo a uma epidemia de ansiedade, depressão e sintomas psicossomáticos – como dores de cabeça e musculares –, e até mesmo de suicídios. Até pouco tempo atrás, era raro haver suicídios entre jovens de 10 a 15 anos, mas hoje, infelizmente, isso tem se tornado cada vez mais comum. Nos últimos anos, a taxa de suicídio nessa faixa etária aumentou em torno de 40%. Nas dezenas de países em que sou publicado, proclamo que os conceitos de suicídio difundidos pela psicologia e psiquiatria nos dias de hoje estão equivocados. Quem pensa em morrer não quer exterminar a vida em si, mas sim matar sua dor, sua angústia, seu autoabandono e seu esgotamento cerebral, inclusive o causado pela intoxicação digital advinda do uso descontrolado de celulares e redes sociais, um universo no qual as pessoas vivem de personagens. É claro que a modernização dos celulares nos trouxe ganhos importantes, e para reconhecer isso basta notar os grandes saltos que deram a democratização da informação e a comunicabilidade. No entanto, não podemos esconder seus graves efeitos colaterais.

Apenas uma hora mexendo no celular pode gerar uma quantidade de estímulos muito maior do que uma pessoa comum que vivia em séculos passados recebia em vários dias. Saturar o cérebro com informações, imagens e mensagens inúteis é uma forma excelente de asfixiá-lo, sufocando também a criatividade e o prazer de viver. O cérebro de um ser humano viciado em *smartphone* e redes sociais pode acumular mais lixo do que as cidades mais poluídas do mundo.

Colocar limites para crianças e adolescentes no uso de mídias digitais é fundamental. E cada pai deve estabelecê-los da maneira que achar melhor. Entretanto, darei aqui algumas dicas fundamentais:

1. O celular deve ser evitado a partir de duas ou três horas antes de dormir, pois ele excita a construção intensa de pensamentos, afetando negativamente o sono. Usar celular logo antes de dormir faz com que as ondas das telas do dispositivo comprometam a "molécula de ouro" que induz e estabiliza o sono, a melatonina. Uma hora de uso de celular por dia pode afetar mais de quinze minutos de sono durante a noite. Jovens e adultos viciados em celular dormem pouco e se estressam com mais facilidade. A criatividade nasce em um terreno de ansiedade saudável, que induz a curiosidade e

ousadia, e não em terrenos de ansiedade doentia, que produz cefaleia, dores musculares, reações intolerantes e hiperpreocupações.

2. Crianças até 7 anos não devem usar celular regularmente. O uso deve ser eventual, para assistir algum evento, pequenos filmes, músicas ou jogos que estimulem a inteligência. Crianças precisam brincar, ter contato com a natureza, se aventurar e libertar o imaginário. Isso pode parecer impossível na atualidade, mas quanto mais os pais retardarem o uso frequente de celular, melhor.
3. Crianças de 7 a 10 anos podem usar por meia hora, entre uma e duas vezes por dia, para evitar que os estímulos asfixiem sua capacidade de contemplar o belo, praticar esporte e elaborar experiências. Quanto mais atividades físicas elas praticarem, mais produzirão melatonina e liberarão endorfinas, o que produzirá mais relaxamento e melhorará o sono.
4. Pré-adolescentes entre 10 e 12 anos podem utilizar celular uma hora por dia, dividida em dois turnos: meia hora após a tarefa de casa e meia hora no final de tarde, após as atividades e as brincadeiras, por exemplo. O excesso de

uso de celulares cria uma ilha social, na qual os jovens diminuem a capacidade de se reinventar, ousar, explorar e empreender. E isso pode levá-los a enfrentar desvantagens nos desafios da vida. Se os celulares fossem usados com limite e as habilidades como coragem, sociabilidade e empreendedorismo fossem trabalhadas na personalidade dos jovens, encontraríamos o paraíso educacional.

5. Adolescentes deveriam usar celular no máximo de uma a duas horas por dia, incluindo as redes sociais. Eles jamais devem substituir a conexão real consigo e com seu círculo familiar e de amigos pelo contato virtual com centenas de outras pessoas. Não se iluda: se você que têm um número de amigos que preenche os dedos de uma mão, sinta-se um privilegiado pois, na era digital, é comum as pessoas se relacionarem superficialmente com muitas outras, mas raramente têm amigos verdadeiros, com quem desenvolvem uma relação mais profunda. Nos dias atuais, vive-se a utopia da socialização expressa na seguinte tese: se a sociedade me abandona a solidão é suportável, mas, se eu mesmo me abandono, ela é intolerável. Nunca os adolescentes

se abandonaram tanto! Reclamar muito, querer tudo pronto e imediatamente, não suportar ouvir um não e não saber dialogar são sintomas do autoabandono. Seus filhos têm esses sintomas?

6. Já no caso dos adultos, a não ser que precisem do celular diariamente como instrumento de trabalho, o uso desse dispositivo deveria ser restrito a, no máximo, uma a duas horas não sequenciais por dia. O ideal é que isso aconteça em horários programados, para não correr o risco de se transformar em vício. Existem, nos dias atuais, adultos que são tão intensamente viciados em celulares como um dependente de cocaína. Se não tiverem acesso ao dispositivo, eles se deprimem, ficam ansiosos e sentem-se dramaticamente sós. Se não carregam um celular e não o acessam com frequência, sentem algo como um vazio existencial. Pobres seres humanos!

Você pode estar se perguntando: "Mas usar apenas de uma a duas horas por dia não é pouco?". Eu categoricamente respondo que não, de modo algum. Seus filhos, seu cônjuge, seu namorado ou sua namorada e seus amigos é que são suas celebridades. São eles os merecedores de toda sua atenção.

Há poucas décadas, quando vivíamos sem celulares, havia menos depressão, ansiedade e doenças psicossomáticas. Os celulares são importantes para que os pais se comuniquem com os filhos e vice-versa, mas isso não pode ser uma desculpa para que sejam utilizados descontroladamente. Reitero: o uso de tecnologias digitais como os *smartphones* promovem ansiedade, irritabilidade e inquietação, ainda que fomentem a comunicabilidade, a acessibilidade de informação e o ganho de escala produtiva.

Limite 6: não usar celulares e outros dispositivos eletrônicos na mesa de refeição

Nenhum membro da família deve usar celulares durante as refeições. É praticamente um crime pais e filhos ficarem acessando redes sociais, e-mails ou jogos digitais enquanto estão almoçando, jantando ou tomando café da manhã. Com isso, o diálogo morre aos poucos e o amor familiar também adoece. As famílias que não respeitam suas refeições são doentes.

Todos os membros de todas as famílias modernas deveriam se proibir de usar dispositivos eletrônicos quando estão ao redor de uma mesa, tendo plena consciência de que ao desrespeitarem essa última regra de gestão da ansiedade estão desrespeitando a saúde social. É um crime emocional os membros da família não olharem nos olhos um do outro e não dialogarem nos momentos em que estão reunidos à mesa. Famílias que se comportam assim são exemplos de famílias emocionalmente falidas!

Limite 7: não usar celulares nos finais de semana

Como as riquíssimas empresas que produzem aparelhos digitais, programas e aplicativos não se preocupam com as consequências que seus produtos causam ao cérebro humano, precisamos continuar a ponderar sobre os limites na sua utilização. Infelizmente, a humanidade está se tornando um manicômio global.

Minha teoria sobre o processo de construção de pensamentos e de formação de pensadores tem sido elaborada há mais de três décadas. Estou convicto de que não é a quantidade de dados apreendidos pela memória humana que financia a habilidade de um ser humano de ser um pensador, de elaborar novas ideias e de desenvolver o pensamento estratégico, mas, sim, a qualidade destes dados e a capacidade de organizá-los.

Albert Einstein, por exemplo, quando elaborou os pressupostos básicos da sua teoria da relatividade tinha apenas 27 anos. Era jovem, imaturo, pouco sociável e trabalhava em uma firma de patentes, um ambiente que não lhe apresentava grandes desafios intelectuais. Muito provavelmente, Einstein recebia, em média, muito menos informações do que os grandes engenheiros e físicos da atualidade. Então, por que os estudiosos dos dias de hoje não são revolucionários como ele? O primeiro trunfo de Einstein foi sua capacidade de conectar os dados que recebia e organizá-los de forma diferente e inovadora. O segundo trunfo está na sua ingenuidade e ousadia. Todo pensador precisa de boas doses de utopia e ingenuidade para crer que pode chegar a lugares em que nunca ninguém antes pisou. Por fim, o terceiro trunfo – o maior deles – foi o fato de o físico ter libertado o mais complexo dos pensamentos, conhecido por antidialético ou imaginário. Einstein se via sentado num raio de luz e imaginava o que acontecia com o tempo e o espaço. Pense nisto: a era do rádio, onde não havia a poluição das imagens da TV e, agora, dos *smartphones*, produziu comparativamente muito mais pensadores do que a atualidade.

Isso acontece porque as mídias digitais tendem a sufocar esses três trunfos, asfixiando a capacidade de organização, de ousadia e de libertação do pensamento imaginário ou antidialético. E, ao mesmo tempo, libertam o mais pobre dos pensamentos, o pensamento lógico, linear e cartesiano, que costumo chamar de dialético, ou seja, o pensamento que faz uso dos códigos linguísticos. Quem pensa apenas logicamente reage com o fenômeno "bateu levou", não aceitando levar desaforo e agindo sempre de maneira descontrolada. Além disso, é racionalista, pouco ousa, sonha ou se reinventa e não é generoso consigo e com os outros. Por conta disso, pune e cobra demais de quem ama e de si mesmo. Esse indivíduo está apto a trabalhar numa empresa financeira, mas não a ter uma bela história de amor com sua saúde emocional.

Disse tudo isso simplesmente para defender a ideia de que aos finais de semana você e sua família não devem fazer uso das mídias digitais. Exceto em situações especiais, como na necessidade de trabalhar, por exemplo, é fundamental que o cérebro não seja estressado com dispositivos eletrônicos no sábado e no domingo. Faça uma trégua. Esse excesso de assimilação de dados é uma das principais causas da SPA. Nos mais de setenta países em que sou publicado, tenho dito que na era digital mexemos na caixa preta da construção de pensamentos, desenvolvendo coletivamente uma ansiedade dramática.

Observem este drama: uma criança aos 7 anos de idade hoje tem mais informações que líderes mundiais de séculos passados tiveram em toda a vida, e isso acelera o processo de leitura da memória e produz uma ansiedade dramática, levando muitas crianças e adultos a acordarem fatigados, sofrerem de cefaleias, serem inquietos, impacientes e irritadiços.

Recentemente, ministrei uma palestra de encerramento em um congresso sobre felicidade, na qual afirmei que a felicidade foi cantada pelos músicos, proclamada pelos poetas, romanceada pelos ficcionistas, procurada pelos amantes, mas infelizmente virou uma utopia na história de bilhões de seres humanos. Fiz um teste dos sintomas da SPA com mais de 1.200 participantes das mais diferentes culturas e religiões: budistas, bramanistas, islamitas, católicos, protestantes. O resultado? Quase todos ali tinham de ser internados. Além dos sintomas que mencionei da ansiedade dramática, quase todos sofriam por antecipação, tinham dificuldade de conviver com pessoas lentas, possuíam transtorno de sono e déficit de memória ou esquecimento. A era digital não perdoa nem mesmo os mais religiosos.

Dizem que eu sou o psiquiatra mais lido em todo mundo na atualidade, mas espero que eu não seja uma voz solitária no mundo moderno suplicando para que não usemos celulares aos finais de semana. Reitero, a não ser em casos excepcionais ou como telefones, para fazer chamadas.

Ter milhares de seguidores nas redes sociais não quer dizer ter milhares de amigos. Seus amigos ou aqueles que têm chance de sê-lo são as pessoas que estão ao seu lado. Namore a sua vida nos finais de semana, dê tréguas para o universo digital, poupe os recursos do seu cérebro. Considere seus filhos e seu cônjuge suas verdadeiras celebridades. Aplauda, brinque, pratique esportes, tenha contato com a natureza e interaja socialmente. Famílias doentes são um grupo de estranhos, enquanto famílias saudáveis sabem curtir um ao outro. Sua família é doente ou saudável?

Limite 8: jogar *games* com inteligência

Mais uma vez, os pais é que devem decidir a melhor maneira de impor limites. Entretanto, em minha opinião, uma criança ou adolescente não deve ser autorizado a jogar videogame por um período mais longo do que uma ou duas horas diárias, por duas ou, no máximo, três vezes por semana. Um dos assuntos que mais abordo em conferências com magistrados e educadores é o assassinato coletivo da infância. A infância é a fase mais importante para se formar plataformas de arquivos que estruturam as características mais importantes da personalidade de um indivíduo, inclusive a empatia e a capacidade de trabalhar frustrações. Celulares e videogames, entretanto, são duas causas importantes desse pernicioso assassinato.

Determinados *games* não violentos podem até ser considerados esportes cognitivos, que exercitam o raciocínio, o pensamento estratégico e a concentração. Mas mesmo esses devem ser utilizados com consciência e maturidade. Os movimentos rápidos, a troca de cenas e as surpresas dentro dos *games* têm efeitos colaterais, moldando a mente humana em um ritmo frenético, o que turbina a ansiedade e a insatisfação crônica.

Para além disso, não podemos nos esquecer do fato de que os *games* não treinam nenhum grupo muscular de maneira saudável e não incentivam a produção de endorfinas cerebrais para relaxar o corpo e induzir o sono, a não ser aqueles que exigem movimentos. O excesso do uso de videogames e celulares também pode vir a bloquear a molécula de ouro que induz e estabiliza o sono, a melatonina.

Os usuários vorazes de videogames induzem inconscientemente o fenômeno RAM a produzir tantas janelas killer que eles não são capazes de viver uma vida como simples mortal. Desenvolvem uma sede insaciável de novos estímulos no meio ambiente social, mas, como frequentemente não os encontram, acabam por serem portadores de um Tédio Atroz (TA) altíssimo. Essas pessoas não são amigas de si próprias, não sabem usar a solidão branda para criar, relaxar, fazer amigos, ter paciência quando contrariada, lidar com perdas e se reinventar. Frustram-se com uma frequência exagerada. Por fim, a rotina, que muitas vezes é inevitável, torna-se um verdadeiro cárcere para crianças e jovens que se expõem muitas horas diárias aos videogames. Cuidado! Imponha limites, mas não o faça com agressividade. Crie alternativas.

Limite 9: ter horário para a prática de esportes e leitura de livros

Todas crianças e adolescentes deveriam ser encorajados a se envolver com atividades mais relaxantes, como ler, pintar, aprender instrumentos musicais, e praticar esportes. Por quê? Para que possam acionar o fenômeno RAM, o biógrafo do cérebro, a registrar janelas light, ou saudáveis, que tranquilizam a mente humana.

A leitura, em destaque, se incentivada desde os primeiros anos, estimula a concentração, diminui a ansiedade, expande a criatividade e o prazer de viver. Mesmo pais que não gostam de ler deveriam estimular o apetite pela leitura em seus filhos, ainda mais na era da SPA e da intoxicação digital. A leitura pode ser mais poderosa que a Ritalina e outras tantas drogas da obediência para acalmar os jovens. Na medida em que seus filhos são alfabetizados linguisticamente, eles deveriam também ser alfabetizados emocionalmente. Estipular um horário para a leitura para um adolescente pode não funcionar, pois a leitura deveria ser uma fonte de prazer e não de obrigação. Mas no caso de crianças funciona muito bem. Crianças e adolescentes devem ser premiados quando leem um livro. Sempre evite dar presentes sem uma contrapartida, e a leitura pode ser um ótimo motivo de premiação. Dar um pequeno presente para cada um, dois ou três livros lidos é uma excelente maneira de colocar um limite inteligente.

Escrevi dois livros para estimular a leitura dos jovens, *O guardião do tempo* e *Os inimigos da humanidade*, da série "Petrus Logus". Vários jovens evitaram o suicídio e tornaram-se mais resilientes com a leitura desses livros. E por que a leitura é tão importante? Porque os livros trazem coragem para o cansado, poder para o desanimado e criatividade para o pensador.

A prática de esporte, por sua vez, é vital para expandir a interação, a competividade saudável, a sensibilidade e a liberação de endorfina, que é um calmante natural, que relaxa e induz ao sono. A participação em esportes coletivos desde cedo colabora para que as crianças e os jovens aprendam a lidar melhor com limites, a competir, a enfrentar frustrações, a trabalhar em equipe e a cooperar com os colegas. Crianças e jovens que não praticam esportes têm tendência a ter um sono de pior qualidade e um limiar mais baixo para suportar frustrações.

Quem tem prazer na leitura e na prática de esportes tem mais chances de não adoecer emocionalmente.

Mas ao que parece, na era digital, as crianças e os adolescentes estão perdendo o encanto por essas atividades. Faça o possível para mudar essa história na sua família! Não intoxique seus filhos com o consumismo e com o mundo digital.

Limite 10: não dar presentes em excesso

O excesso de presentes gera mendigos emocionais, pois arquiva janelas killer, que são causadoras da ansiedade por novos produtos, e promove a insatisfação crônica. Pais que não sabem dizer não e enchem seus filhos de presentes não formam, como o senso comum imagina, jovens felizes, mas, sim, mendigos do pão da alegria. A emoção é democrática: os presentes que o dinheiro não pode comprar, como abraços, beijos, elogios, apoio e sonhos, são mais importantes para a formação da personalidade do que os presentes materiais caríssimos.

Paciência é fundamental. Crianças e jovens que querem tudo rápido e pronto, sem contrapartida ou necessidade de conquista, colocam combustível na própria ansiedade. Devemos suprir as necessidades dos filhos e, dentro do possível, dar alguns presentes para alegrá-los, distraí-los e envolvê-los. Mas atender aos pedidos das crianças e dos jovens na velocidade que querem é um crime contra a formação de mentes resilientes, proativas e altruístas.

As principais coisas da vida são aquelas conquistadas lentamente. E todas as conquistas implicam algumas perdas pelo caminho. Lidar com o tempo e com as adversidades é amadurecer o Eu como piloto da mente. Oferecer um excesso de presentes só gera miserabilidade emocional e o vício na necessidade de muito para sentir pouco.

Quanto mais cedo os limites forem colocados, melhor serão aceitos. Querer que um jovem de 12 anos que nunca foi educado para arrumar sua cama ou colocar seu prato sobre a pia realize essas tarefas com alegria de uma hora para outra é uma atitude ingênua. Coloque limites desde a infância, mostre como é importante e prazeroso ajudar no bom desempenho da família, diga para seu filho que ele é um elemento essencial no time que vocês formam.

Querer, também, que um adolescente de 16 anos ajude com prazer a recolher lixo jogado no pátio da escola é igualmente ingênuo. Mas educá-lo desde cedo a entender que o planeta Terra está gemendo e precisa de cuidados educa o Eu a ser participativo, não egoísta.

Os pais que usarem as ferramentas de ouro deste livro encantarão seus filhos, serão seus heróis, cativarão o território de suas emoções, e isso tornará cada vez mais fácil a aplicação de limites. Pais entediantes, chatos, repetitivos, que perdem a paciência, gritam, pressionam e são punitivos terão dificuldades em estimular seus filhos a serem autores de suas próprias histórias.

Como abordamos no primeiro programa mundial de Gestão da Emoção para crianças e adolescentes, chamado de Escola da Inteligência (EI), os pais precisam educar a emoção dos seus filhos para que eles alcancem sucesso social, profissional e afetivo, numa sociedade altamente competitiva e insensível. Atualmente, são mais de 300 mil alunos aprendendo ferramentas vitais para o gerenciamento do estresse, a prevenção de transtornos emocionais e as habilidades socioemocionais para serem líder de si mesmos. Além disso, estamos adotando muitas casas de acolhimento (orfanatos) no país e, junto da Academia de Polícia Federal, também estamos adotando algumas das escolas mais violentas para oferecer gratuitamente o programa da EI para que jovens vulneráveis tenham mais condições de conquistarem uma mente livre e uma emoção saudável.

Infelizmente, muitos pais não educam seus filhos para viver numa democracia, onde há direitos e deveres, mas num reino, onde eles agem como reis e as demais pessoas, inclusive seus próprios pais, são os servos. Pais que não encantam seus filhos e não sabem colocar limites claros e inteligentes poderão se transformar em reféns de suas crianças, além de colaborar para transformá-las em vítimas das armadilhas mentais, como o consumismo, o conformismo, a dificuldade de transformar perdas em ganhos e crises em oportunidades.

4

Socorro, meus filhos têm a Síndrome do Soldado Cansado. Tudo é muito difícil para eles!

Nunca o ser humano fez tantas guerras como na atualidade, nunca travou tantas lutas em sua própria mente como nos dias de hoje. Jamais a saúde das crianças e dos adolescentes foi tão violentada, asfixiada e furtada pelas mídias digitais. Essas mesmas mídias deveriam abrir clínicas para possibilitar uma desintoxicação digital.

Usar *smartphones*, interagir nas mídias digitais e jogar videogames faz com que nosso corpo libere dopamina, a mesma substância estimulada pelo uso de drogas. Portanto, não há como negar que a tecnologia digital tem caráter viciante. Seria um crime violentíssimo dar cocaína ou mesmo bebidas alcoólicas para uma criança ou um adolescente, mas não temos nenhum sentimento de culpa ao deixar que utilizem *smartphones*, *tablets* ou joguem videogames sem nenhum controle e sem ferramentas de gestão da emoção para que tenham o mínimo de autonomia.

Nossos filhos são atirados na cova dos leões e estão desenvolvendo coletivamente a dependência digital. Tire o *smartphone* de um jovem por dois ou três dias e observe os sintomas: irritabilidade, ansiedade, humor deprimido, baixíssima tolerância a frustrações, agitação mental, enfim, os mesmos sintomas da síndrome de abstinência de uma droga psicotrópica.

Eu defendo a tese de que, assim como os maços de cigarros trazem avisos alertando sobre os efeitos destrutivos para o corpo, como câncer e doenças pulmonares, todos os aparelhos digitais deveriam ter uma tarja avisando o usuário: "O uso excessivo deste aparelho pode viciar, provocar insônia, ansiedade e sintomas psicossomáticos".

A televisão, na segunda metade do século XX, foi identificada como a grande vilã do sono; no século XXI, o grande vilão é o *smartphone*, que é muito mais poderoso.

Além do caráter viciante, o comprimento de onda azul que emana das telas dos *smartphones* pode diminuir a molécula de ouro que induz e estabiliza o sono, a melatonina. Portanto, como já falei anteriormente, usar seu *smartphone* uma ou duas horas antes de dormir coloca o cérebro em estado de alerta constante, comprometendo a qualidade do sono. Se você detesta uma boa noite de sono, ame seu celular, coloque-o como o centro de sua vida e entregue-se à necessidade neurótica de responder a todos nas redes sociais, mas, se você ama seu sono e sua saúde física e emocional, coloque seu *smartphone* em segundo plano.

"Amai ao próximo como a ti mesmo." Essa foi a famosíssima frase do Mestre dos Mestres das relações interpessoais, expressa há mais de dois milênios para fomentar o altruísmo e a generosidade, mas quem diria que, tempos depois, o próximo de um ser humano não seria outro ser humano, mas um celular na palma das mãos. É comum vermos um grupo em uma mesa de restaurante sem dizer palavra, todos nos celulares. Pais enviam mensagens para seus filhos dentro de casa, irmãos mandam mensagens uns aos outros sentados ao redor de uma mesa.

O celular tem diversas vantagens, como comunicação eficiente, melhoria da produtividade e democratização da informação, mas tem também dois efeitos colaterais que deveriam abalar a tranquilidade dos líderes do Vale do Silício, na Califórnia: a destruição do sono e o assassinato do diálogo interpessoal.

A Síndrome do Soldado Cansado (SSC)

Jamais os nossos filhos e alunos estiveram tão estressados. O déficit crônico de sono provoca uma síndrome psicossomática que chamo de Síndrome do Soldado Cansado (SSC) ou Síndrome do Esgotamento Cerebral (SEC). Os alunos se sentem como soldados numa guerra em constante estado de esgotamento mental.

A SCC produz diversos sintomas, e a presença de dois ou três deles já caracteriza a síndrome. Pergunte-se e também aos seus filhos se eles possuem alguns destes sintomas:

1. Dor de cabeça, dor muscular, cólicas abdominais, vômitos, prurido ou coceira, entre outros. O cérebro esgotado produz sintomas psicossomáticos que funcionam como um grito de alerta para mudarmos o estilo de vida.
2. Déficit de concentração e dispersão da atenção. Um cérebro cansado e esgotado pensa muito e se concentra pouco.
3. Rendimento intelectual diminuído nas provas e redações. Uma mente esgotada tem baixo nível de recordação e de organização das ideias.

4. Indisposição para fazer atividades (preguiça mental): tudo é muito difícil, mesmo fazer as coisas mais simples. Um cérebro esgotado é desmotivado. Fazer tarefas, ajudar, contribuir com os outros é sempre um sacrifício.
5. Facilidade para reclamar de tudo e de todos. Uma mente cansada é indisposta, especialista em reclamações.
6. Baixo limiar para frustração e irritabilidade diante de pequenas contrariedades. Uma emoção fatigada não suporta ser contrariada. Qualquer coisa a descompensa. Pequenos problemas têm um impacto muito grande.
7. Inquietação ou agitação mental. Um cérebro esgotado gera uma mente inquieta, agitada, ansiosa, que não descansa, não se acalma ou não se tranquiliza. Não consegue parar um minuto para sentar, ouvir ou conversar, está sempre com uma sensação de urgência, precisando fazer algo.
8. Facilidade em perturbar o ambiente e fazer birra. Uma mente cansada tende a fazer birra e manha, a ter comportamentos apelativos e a dar mais escândalo do que a média das outras crianças e jovens.

9. Tédio e horror à solidão. Uma mente cansada e inquieta não sabe namorar a sua vida, não sabe se curtir, pensar na vida e se interiorizar. Tem horror a ficar sozinha e enfrenta grandes dificuldades em lidar com a rotina. Cinco minutos sem atividade bastam para que comece a reclamar que não há nada para fazer.
10. Envelhecimento precoce da emoção. Uma pessoa com mente estressada, cansada e hiperpensante tem diversos sintomas do envelhecimento precoce da emoção: tédio intenso ao ficar sozinha, insatisfação crônica, excesso de reclamação, desejo de ter tudo rápido e pronto e dificuldade de encontrar alternativas para relaxar e curtir a vida.
11. Imaturidade da personalidade. Uma mente fatigada produz egocentrismo, individualismo e egoísmo. O ego tende a ser doentiamente inflado, levando os jovens a terem dificuldades de se colocarem no lugar dos outros, elaborar perdas, trabalhar dores e frustrações, repetição de erros.

A síndrome do pensamento acelerado nutrindo o esgotamento cerebral

A SSC ou SEC é uma epidemia entre os estudantes em todo o mundo. A SPA, num grau mais intenso, pode vir a gerar a SCE, ou seja, um esgotamento cerebral que compromete seriamente a saúde emocional, podendo desencadear uma série de doenças, como ansiedade, depressão, anorexia, bulimia, dependência de drogas, entre outras. A associação dessas duas síndromes compromete o futuro socioemocional dos alunos e da humanidade como um todo. Ao descobri-las, fiquei preocupadíssimo e cônscio de que as sociedades modernas tomaram o caminho errado.

Como tenho dito em mais de setenta países onde sou publicado e para diversas plateias de magistrados, reitero: estamos assassinando a infância e a juventude de nossos filhos e alunos, vivendo uma era em que o trabalho intelectual escravo está legalizado e generalizado. Eles fazem mil atividades, ficam plugados em videogames e celulares, mas não conseguem se conectar consigo mesmos, não sabem se aventurar, desacelerar os pensamentos, contemplar o belo e dormir sonos repousantes.

Há psicólogos e psicopedagogos que dizem que os jovens vivem a geração *millennial*, outros, a geração Y, que são irresponsáveis, egocêntricos, hipertivos e querem tudo na hora. Desculpem a minha disconcordância, mas a maioria desses pesquisadores e profissionais veem apenas a ponta do iceberg do problema e não entram em camadas mais profundas da mente humana, por isso, não conseguem identificar essas duas síndromes que assolam a juventude mundial – e os adultos também – e que são causadas por ninguém além de nós, tornando as sociedades modernas um hospital psiquiátrico global.

Vá a qualquer escola, incluindo as particulares, com mensalidades caríssimas, e pergunte se as crianças e os adolescentes têm um sono de má qualidade, se acordam cansados, se são agitados e sofrem com dores de cabeça. Você ficará abaladíssimo com as respostas. Muitos pais não têm a menor consciência de que seus filhos fracionam o sono diversas vezes ou acessam celulares durante a madrugada. Apenas sabem que eles acordam reclamando, já tensos e impacientes. O sono tranquilo é o combustível para se ter um dia calmo e criativo. A insônia é o impulso necessário para um dia ansioso e frustrante.

As instituições de ensino deveriam ensinar matérias sobre o funcionamento da mente e o autocontrole e não apenas as disciplinas clássicas dos currículos escolares. Como vimos, elas devem deixar de ser racionalistas. Professores no mundo todo não imaginam como seus alunos estão com seus cérebros esgotados e acordando exaustos. Muitos adolescentes simplesmente arrastam seus corpos, com a mesma disposição de uma pessoa doente ou muito idosa, e são vítimas da SCE e da SPA. Ir à escola com déficit de energia é para eles um frequente martírio. Por isso, não se concentram, são inquietos, não conseguem ficar sentados, dormem na sala de aula e têm conversas paralelas.

Socorro, meu filho não dorme

A história do sono conturbado começa já na gravidez. A qualidade do sono da mãe interfere na qualidade do sono do feto. Uma nuvem de moléculas pode atravessar a barreira placentária quando a mãe está estressada e fatigada, e interferir diretamente no comportamento e equilíbrio do bebê. Se aos finais de semana as mães puderem dormir nove ou dez horas por noite, o feto agradece. Após nascerem, o sono das crianças e, posteriormente, dos adolescentes deveria ser um solo sagrado.

Você pode brigar com o mundo, mas, se brigar com sua cama, vai assinar a derrota em todas as lutas que travar. O sono, reitero, é o combustível da vida. O feto precisa descansar muito, pois ele está numa fase de crescimento espantoso. Ele dobra de tamanho muitas vezes por mês no início da gestação. O metabolismo a mil por hora precisa de períodos de relaxamento, e o mesmo ocorre com a criança. Pais agitados, que não dormem bem, com alto índice GEEI, são intolerantes, impacientes, irritadiços, elevam o tom de voz com facilidade e têm reações explosivas, e tudo isso afeta muito o desenvolvimento da personalidade de seus filhos.

Não é a quantidade de trabalho dos pais, em tese, que determina o grau de estresse deles, mas a maneira como protegem sua emoção e contemplam o belo. Por incrível que pareça, mães que trabalham até quase o dia do parto podem gerar crianças calmas, pois, apesar do trabalho laboral intenso, elas não apresentam alto índice GEEI, não cobram muito de si nem dos outros, não sofrem por antecipação, não ruminam o passado, têm autoestima elevada e vivem aplaudindo a vida.

Por outro lado, mães podem não ter muitos compromissos profissionais, ficar deitadas numa rede durante oito horas por dia e gerar filhos ansiosos, caso tenham alto índice GEEI, não saibam filtrar estímulos estressantes, vivam perturbadas pelo futuro e produzam com frequência monstros que as assombram no teatro de sua mente. Pais precisam elevar o índice de Gasto de Energia Emocional Útil (GEEU), não o de GEEI.

5

Socorro, como corrigir e dialogar com inteligência?

Infelizmente, na era digital, não precisamos passar por guerras ou terremotos para vivermos em um ambiente emocional saturado de estímulos estressantes. Os pais viciados em *smartphones*, que acessam freneticamente aplicativos e redes sociais, podem desenvolver insatisfação crônica, altos níveis de irritabilidade e ansiedade, o que os leva a ser intolerantes a quaisquer frustrações, tornando-se peritos em esmagar as regras de ouro que estamos expondo. Pequenas contrariedades já são o suficiente para que percam a paciência, gritem, apontem falhas, deem broncas e critiquem. São ecologistas físicos, não aceitam lixo sobre a mesa ou sobre o chão, mas antiecologistas mentais, poluindo o delicado planeta emoção de seus filhos.

Pais e professores plugados o tempo todo em seus celulares substituem o diálogo pelo envio de mensagens e deixam de admirar os personagens mais incríveis do mundo: seus filhos e alunos. É um crime educacional abusar do uso de celular na frente das pessoas que nos são caras. No fim das contas, elas acabam por se tornar "baratas", deixando de ser nossa prioridade. Você tem certeza de que as pessoas que você ama são sua prioridade? Preste atenção nas suas atitudes. Você usa celular na frente dos seus filhos, companheiro ou companheira e amigos ao invés de ouvi-los, aplaudi--los e emocioná-los? O ser humano moderno está mais doente do que imagina.

Não criticar nem humilhar

Criticar excessivamente é outra forma doentia de querer mudar os outros, de abrir o cofre das crianças de forma equivocada. Quem critica os filhos e alunos com frequência, incentiva a formação de tantas janelas traumáticas que acabam por definhar a espontaneidade das crianças, bloqueando a ousadia e debelando a capacidade de correr riscos para sonhar e lutar pelos próprios desejos.

Há pais e mães que usam não apenas as armas dos gritos e atritos, mas também a metralhadora das críticas. Eles não suportam ver seus filhos agitados, repetindo falhas e sendo irresponsáveis que logo começam a descarregar suas críticas sem parar. Os filhos erram de um lado e eles, do outro. Os filhos acendem um fósforo e eles entram com o combustível. Não usam estratégia alguma para conquistá-los e educá-los. Para eles, educar se resume a dar broncas e corrigir falhas. Ledo engano.

Queridos pais, arem a terra, coloquem as sementes estrategicamente uma após a outra, cultivem e reguem com paciência que o tempo da colheita cedo ou tarde chegará. Os educadores que querem ver filhos e alunos totalmente destituídos de ansiedade, equilibrados, dosados e empáticos, numa sociedade consumista e intoxicada digitalmente, devem se preparar para mudar para outro planeta, pois na Terra será muito difícil encontrar casos assim. Nós aprisionamos nossos filhos em nossas masmorras sociais e ainda queremos que sejam autônomos? Isso é, no mínimo, injusto com eles.

Crianças e jovens, do Oriente ao Ocidente, estão sofrendo cada vez mais com a SSC e a SPA. Lembre-se do estrago que o cartesianismo causou na mente do ser humano moderno. Encontrar crianças e adolescentes calmos e serenos hoje em dia é tão difícil quanto encontrar uma mina de ouro. No entanto, não podemos nunca nos esquecer de que eles são os melhores filhos e os melhores alunos do mundo. Por quê? Porque são os que temos!

Até entre índios amazônicos a tranquilidade está se tornando cada vez mais escassa. Certa vez, fui convidado para ministrar palestras para membros de mais de sessenta tribos indígenas. Muitos do grupo eram meus leitores. Logo após o evento, eles tiraram muitas fotos comigo, com celulares muito mais modernos do que o meu. Fiquei pasmo. A tecnologia digital está contagiando todos os cantos do mundo.

Um grande construtor é capaz de fazer obras-primas com os materiais que possui. Lembre-se do maior professor da história, de *O homem mais inteligente da história*, apesar de seus alunos só lhe darem dores de cabeça – Pedro era hiperativo e inquieto, João tinha personalidade bipolar, Tomé era paranoico, Mateus era corrupto, Judas era dissimulado – ele nunca desistiu de nenhum deles, embora o decepcionassem quase que diariamente. E você? Daria crédito a esses alunos?

O homem mais inteligente da história deu a esses jovens todo o crédito do mundo, e chegou até mesmo a usar sua dor no ato da traição e no da negação para formar janelas light, ou saudáveis, no centro consciente de seus alunos, na MUC, para transformar mentes toscas e rudes em pensadores brilhantes. Alguém poderá me responder: "Mas eu não sou Jesus Cristo". É claro que não é, mas esse notável educador usou técnicas de gestão da emoção essencialmente humanas para formar homens brilhantes.

Quando criticamos excessivamente nossos filhos ou alunos, estamos usando o pensamento como se fosse real ou virtual? Mais uma vez, real. E é exatamente por isso que, ao invés de educar, só estamos piorando nossas crianças. Usamos o pensamento como se fosse um bisturi para extirpar a irritabilidade, as birras, as incoerências e o autoritarismo de crianças e adolescentes. E quanto mais tentamos mudá-los, mais eles cristalizam aquilo que detestamos e que queremos mudar, formando mais e mais janelas killer, saturando a MUC.

Há professores, por exemplo, que querem o silêncio absoluto em sala de aula. Mas eu reitero: com a SSC e a SPA geradas pelas mídias digitais e pelo excesso de informações da atualidade, é quase impossível que consigam atingir tal objetivo, a não ser por alguns breves momentos.

Também há muitos professores que não veem a hora de se aposentar, tamanha a intensidade de seu esgotamento cerebral. E eles estão cheios de razão. No entanto, a mudança fundamental é que comecemos a mudar nossos paradigmas. Os professores são cozinheiros do conhecimento que preparam o alimento para uma plateia que não tem o menor apetite. Isso estressa, angustia e frustra qualquer um! Mas os alunos não são culpados por essa crise de apetite intelectual.

Precisamos usar ferramentas de ouro para canalizar a energia mental ansiosa de nossos filhos e alunos a favor deles, a favor da educação e do autocontrole. As velhas práticas cartesianas, racionalistas, não funcionam mais numa época em que alunos de 7 anos de idade têm mais informações em sua mente do que os professores tinham no século XIX ou os imperadores no auge de Roma.

Socorro, como dialogar com inteligência?

O diálogo é insubstituível para a formação humana, seja a linguagem qual for, e deve ter início quando o feto ainda está em formação. Mesmo que ele não entenda a mensagem intelectual dos pensamentos que usam os símbolos da língua – os pensamentos dialéticos –, sentirá a mensagem emocional da mãe e do pai se eles conversarem com frequência com o bebê durante o desenvolvimento no útero materno. E para defender essa tese, mais uma ferramenta de ouro, utilizo como exemplo a história do compositor Ludwig van Beethoven.

Quando perdeu a audição, Beethoven entrou em crise depressiva intensa. O mundo ruiu aos seus pés. O cárcere da emoção o asfixiou: ideias perturbadoras, ausência de sentido de vida e autopunição o abarcaram por completo. Entretanto, o compositor foi capaz de romper esse cárcere ao ousar fazer belíssimas sinfonias colocando seus ouvidos sobre uma superfície e sentindo a vibração das notas musicais. Muitos jovens não estão nem um pouco preparados para passar por crises, perdas, fracassos, vaias e rejeições. Eles formam janelas killer duplo P, que podem ser inesquecíveis e retroalimentadas, gerando núcleos traumáticos e produzindo cárceres mentais.

Beethoven se desesperou, teve crises de ansiedade e se deprimiu por acreditar que um compositor sem audição era como uma borboleta sem asas, uma lagoa sem águas ou um mar sem ondas. Mas, por fim, seu Eu não se rendeu, não se curvou diante da autopunição, do autoabandono e da autodestruição. Resolveu se reinventar e aprendeu a navegar nas águas da emoção, algo raríssimo nos dias atuais. Tanto pais quanto professores frequentemente não sabem navegar no oceano da emoção, principalmente quando estão em meio a uma tempestade.

Mas lembre-se sempre de que a emoção pode e deve se dilatar ao longo da vida, que sensibilidade, generosidade, altruísmo, ousadia e criatividade não são dons genéticos, mas habilidades socioemocionais construídas ao longo da formação da personalidade. Os pais deveriam animar a emoção de seus filhos desde cedo, antes mesmos de eles serem expulsos do útero materno para o útero social. É recomendadíssimo que cantem e falem com o bebê em formação, dizendo a ele o quanto o amam e como é bem-vindo e aguardado, sempre colocando as mãos na barriga da mãe. Essas atitudes constroem janelas light nos pais e induzem a emoção do feto, ainda que diminutamente. Após o nascimento, ele se identificará melhor com os pais.

Mesmo depois do nascimento, os filhos devem continuar sendo animados emocionalmente pelos pais com canto, brincadeiras, participando do desenvolvimento e, principalmente, dialogando, perguntando e construindo pontes com eles.

O diálogo deve ser acelerado pelos responsáveis pela educação da criança. Construir uma pauta de diálogo frequente, agradável e relaxante aproxima o planeta mente dos educadores e o dos educandos, cruza mundos e produz espaços internos explorados.

Se existe uma ferramenta que todos acham que conhecem é a do diálogo. Ao que parece, seria dispensável falar sobre ela, entretanto, infelizmente, nós somos seres que sabem falar, emitir sonhos, discorrer sobre os mais diversos assuntos, mas não somos capazes de dialogar. Muitos intelectuais, psicólogos e psiquiatras não sabem dialogar minimamente com seus filhos. Eu já atendi a diversos desses profissionais e os ensinei a se despirem de sua intelectualidade e se tornarem aquilo que realmente são, simples seres humanos, com defeitos e qualidades, com golpes de ousadias e timidez, com segurança e também fobias. Muitos deles sabiam atender a seus pacientes, mas não conseguiam construir pontes com seus filhos, seu companheiro ou sua companheira. Mas, afinal de contas, o que é dialogar?

Aqui, estão listadas as características do diálogo inteligente de acordo com as técnicas de gestão da emoção:

1. Dialogar não é expressar palavras secas, frias e destituídas de sentimentos, mas, sim, falar sobre nós mesmos com a linguagem do coração.
2. Dialogar não é falar de cima para baixo, diminuindo quem nos ouve, mas, sim, olhar na mesma altura dos olhos, exaltando aqueles que amamos.
3. Dialogar não é se colocar como um ser humano acabado, mas, sim, como alguém em constante construção, que contribui com outros seres humanos também em processo de construção.
4. Dialogar não é ouvir apenas aquilo que deseja, mas, sim, o que o outro tem a dizer.
5. Dialogar não é ter a necessidade neurótica de ser perfeito e defender com unhas e dentes suas posições e ideias, mas, sim, reconhecer erros, pedir desculpas e levar em alta consideração o interlocutor.
6. Dialogar não é ter a necessidade neurótica de ser o centro das atenções, mas, sim, sentir o prazer de promover os outros para que brilhem no palco de sua mente.
7. Dialogar não é ser indiferente e indelicado enquanto o outro fala, inclusive quando seu interlocutor não tem a mesma velocidade e coerência de raciocínio que você, mas, sim, expressar várias

vezes durante o diálogo que o está apreciando, ainda que seja uma criança, e conduzir seus pensamentos de forma inteligente e produtiva.

8. Dialogar não é falar de política, economia ou esporte, mas, sim, comentar os capítulos mais importantes de nossa biografia, as dificuldades e as derrotas que atravessamos e as lágrimas que choramos, para que nossos filhos e alunos ousem escrever suas próprias histórias sem medo e com dignidade.

Jovens famintos emocionalmente e crianças vivendo terremotos emocionais

Pais e professores inteligentes, que aprendem as técnicas do *coaching* da gestão da emoção são capazes de protagonizar diálogos inteligentes. Eles perguntam a seus filhos e alunos coisas como: "O que você está sentindo? Que medos o acometem? Que sonhos você tem? Que pesadelos o afligem? O que eu posso fazer para colaborar para que você seja mais feliz?". Questionamentos como esses deveriam ser o cardápio principal para nutrir a relação entre educadores e educandos, casais e também entre amigos.

Maridos que aprendem as técnicas de gestão da emoção costumam ir além e dizer às esposas: "Você está mais linda do que sempre foi! Seu corpo não está deformado com a gravidez, muito pelo contrário, ganhou uma escultura inenarrável". Os homens mais românticos e saudáveis deveriam ser menos cartesianos e mais poetas da vida!

Pais e professores que são impacientes e intolerantes e que não sabem dialogar de forma inteligente e bem-humorada com seus filhos e alunos estão aptos a lidar com máquinas, mas não a formar pensadores. Agindo dessa forma, esses educadores não libertam seu potencial criativo para contribuír com a produção de mentes livres e saudáveis. E inclusive podem, sem saber, estar preparando seus filhos e alunos para serem futuros pacientes de consultórios de psiquiatria e psicologia.

O diálogo rico, contínuo, cheio de risadas e elogios produz uma revolução cognitiva, irriga o desenvolvimento das artes da observação, interiorização, relaxamento, imaginação e pensamento abstrato. E esses elementos nutrem uma emoção saudável, calma e contemplativa.

As grávidas, em especial, precisam muito dialogar. Existe uma série de estratégias não medicamentosas que aliviam a ansiedade e o humor depressivo das gestantes, como desenhar, tocar instrumentos ou se envolver em projetos filantrópicos. Essa estratégia desacelera os pensamentos angustiantes, aumenta o foco, relaxa e induz ao prazer. No entanto, nada é mais agradável do que se reunir com as amigas para conversar e contar histórias. O diálogo leve e descompromissado pode ser uma ferramenta preciosíssima se for realizado com frequência.

As mulheres são, em média, mais resilientes do que os homens. Muitos homens costumam sofrer calados, atitude que não é considerada um sinal de resiliência, força e coragem, mas, sim, da robotização do ser humano, da necessidade neurótica de estar sempre cheio de razão. As mulheres democratizam mais sua dor e a exteriorizam com mais facilidade, o que favorece a superação.

Frequentemente, a quantidade de estímulos estressantes que as mulheres sofrem ao longo da vida é maior do que a os homens, até mesmo por conta da gravidez. Quando vítimas de terremotos, guerras, crises econômicas, as mães choram, mas poucos veem suas lágrimas; elas se deprimem, mas quase ninguém enxerga a sua dor. Abraçá-las e acolhê-las é vital. Por isso, temos de aplaudir, valorizar e apoiar financeiramente programas mundiais como Médicos sem Fronteiras, que oferecem apoio a essas mães e também a seus filhos. Esses profissionais são poetas da humanidade.

O que me deixa muito triste, no entanto, é que não apenas há milhões de crianças sofrendo de fome física, mas sim centenas de milhões sofrendo de fome emocional, inclusive morando em belos apartamentos e casas em grandes condomínios. E isso acontece simplesmente porque seus pais não dialogam com elas de forma rica, inteligente e inspiradora. São crianças e jovens severamente desnutridos emocionalmente. É comum vermos pais que dialogam e brincam com seus filhos quando eles ainda não sabem falar, mas depois que aprendem os pais simplesmente se calam.

O que me abala não é apenas saber que existem crianças em zonas de guerras ou vítimas de terremotos, correndo riscos de vida, mas ter também a consciência de que há milhões delas que moram em países democráticos, vacinadas, que frequentam boas escolas, estão protegidas fisicamente, mas vivem dramáticos terremotos emocionais, em zonas de guerra muitas vezes construídas por seus próprios pais.

6

Socorro, como acalmar a mente dos meus filhos?

Depois de estudarmos a SPA, SSC e a arte do diálogo, precisamos entrar em camadas mais práticas para formar filhos emocionalmente saudáveis e intelectualmente livres, criativos e autônomos. Tente responder a essa pergunta fundamental: quando seus filhos estão tensos, você os acalma ou os estressa ainda mais?

A maioria dos pais chineses, americanos e europeus estressa mais seus filhos quando estes atravessam os vales da ansiedade. Atuam ou como espectadores atônitos, que atendem suas necessidades para não piorar o clima, ou como punidores, que querem tomar para si o domínio do cérebro das crianças.

Acalmar ou pacificar a mente de nossos filhos quando estão desesperados, abrandá-los em momentos de estresse ou birra, e, acima de tudo, levá-los a enfrentar seus fantasmas mentais, gerenciar sua ansiedade e a administrar suas perdas e frustrações são metas que todos os pais brilhantes deveriam ter. Uma pessoa pode ser capaz de dirigir uma empresa com milhares de funcionários com maestria, mas falhar dramaticamente na educação de um filho.

Reitero, muitos pais deixam de colocar limites em seus filhos para evitar birras, escândalos e crises emocionais, mas essa é uma falha tremenda. Essa atitude não pacifica, apenas esconde os fantasmas nos porões da mente deles. Pais que são permissivos, passivos ou submissos aos seus filhos formam pessoas autoritárias, que não sabem seus limites, que não conseguem ouvir nãos e que não conseguem lidar com suas frustrações. Quando caírem na vida real, quando deixarem as asas dos pais, eles não terão anticorpos emocionais para suportar a competição predatória e os percalços da existência.

Socorro, como educar um filho adotivo?

O filho adotivo deve ser educado exatamente como um filho biológico, com o máximo de naturalidade, sem artificialismos e benesses. Alguns pais adotivos evitam colocar limites em suas crianças para tentar compensar a angústia de não as ter gerado biologicamente, dando a elas uma liberdade desinteligente e excessiva. Esse é um grande erro. Pais adotivos não devem se sentir diminuídos, culpados ou saturados de medo pelo futuro de seus filhos. Devem saber que não são pais genéticos, mas, sim, os pais da essência da personalidade, do portfólio da memória e da biografia existencial de seus filhos.

Sinceramente, acho que deveria ser riscada do mapa educacional a expressão "filho adotivo". Para o Programa de Gestão da Emoção, não existe diferença alguma entre filhos biológicos ou adotivos, apenas entre filhos psicológicos ou emocionais. Os pais que adotaram uma criança não são pais da Memória Genética (MG), mas são verdadeiros pais da MUC e da Memória Existencial (ME), as duas memórias fundamentais para nutrir o complexo processo de formação da personalidade.

Ainda que os pais tenham adotado um adolescente e não uma criança, portanto, com MUC e ME já razoavelmente formadas, é possível, com as ferramentas de gestão da emoção, influenciar o desempenho da personalidade dele e provocar o desenvolvimento de habilidades fundamentais para que ela seja saudável, feliz e realizado emocional, intelectual e socialmente. Estou desenvolvendo junto com psicólogos e juízes da infância e juventude um programa chamado Adote Brasil, que conecta crianças e adolescentes em condições de adoção a pais que queiram adotá-los. Gostaria de poder levar esse programa para todos os países do planeta. Nesse projeto, o meu objetivo é ensinar tanto os pais genéticos quanto os adotivos a serem sábios, maduros e lúcidos, mostrando a eles as ferramentas de ouro para que sejam capazes de ensinar seus filhos a desenvolver habilidades como pensar antes de reagir, ter empatia e resiliência, proteger a emoção e lidar com frustrações. Desde que o Eu seja educado, lapidado e treinado para ser protagonista da sua história, ninguém pode ser considerado imutável.

Nada é mais belo que tirar crianças de casas de acolhimento, os antigos orfanatos, e adotá-las. É triste saber que muitos pais não querem adotar jovens mais velhos porque acham que eles podem vir com mais defeitos e conflitos na personalidade, sem saber, entretanto, que esses jovens dão muito mais valor à adoção e se curvam em agradecimento aos seus pais, pois sabem muito bem o que é ser encarcerado pela solidão.

Quem adota uma criança abandonada conquista uma fonte de prazer que dinheiro nenhum, status ou poder oferecer. Faz um brinde à humanidade. Espero que muitos dos leitores desta obra possam se sentir encorajados a tirar os filhos da humanidade das raias de uma casa de acolhimento para inseri-los no direito fundamental de ter uma família. Quem acolhe uma criança irriga sua própria felicidade e saúde emocional.

Socorro, como pacificar a mente dos meus filhos?

O biógrafo não autorizado do metabolismo cerebral, o fenômeno RAM, produz milhares de janelas contendo milhões de experiências na memória humana, tanto no centro consciente, a MUC, como no inconsciente, a ME. Essas janelas são influenciadas pelo ambiente social, principalmente pela relação com os educadores. É vital que os pais aprendam técnicas para aquietar a mente de seus filhos, contribuindo na formação de janelas de ouro para desenvolver uma personalidade paciente, feliz, autocontrolada, bem-humorada, otimista, ousada e saturada de autoestima.

Reitero: todos os educadores deveriam ser treinados para pacificar com brandura e firmeza, com determinação e doses inteligentes de explicação a mente de seus filhos. Os pais, em destaque, deveriam perguntar constantemente aos filhos sobre as dificuldades ocultas no psiquismo deles, sobre os medos que os abarcam, as angústias que os asfixiam e os pesadelos que os perturbam. Deveriam sempre indagar se, por ventura, sofreram *bullying* ou se sentem excluídos e intimidados. Pacificar as mentes dos seus filhos é melhor que dar-lhes todo o ouro do mundo, deixar-lhes grandes fortunas e oferecer-lhes condições para frequentar as melhores escolas das sociedades modernas.

Pais que não penetram em camadas mais profundas da mente dos seus filhos tratam dos sintomas e não das causas, aplicam anestésicos, mas não resolvem as feridas, vivem apenas na superfície da educação emocional.

Quase todos os anos dou conferência ou treinamentos para milhares de psicólogos sobre as técnicas de gestão da emoção. Além disso, encontro centenas de estudantes de psicologia que dizem que foram fazer esse tipo de curso por influência de pelo menos um dos meus cinquenta livros publicados. Fico imensamente feliz por isso. Não quero dizer aqui que os pais devem substituir os psicólogos. Se seus filhos têm conflitos importantes, eles devem procurar um auxílio profissional de psicoterapeutas; no entanto, os pais deveriam fazer uso das técnicas de gestão da emoção para proteger a mente de suas crianças ou jovens, prevenindo, assim, transtornos psíquicos, bem como colaborando para que desenvolvam habilidades para serem livres, criativos, proativos, ousados e líderes de si mesmos. A tarefa de prevenção e de expansão dos horizontes da inteligência compete à educação.

Birras inevitavelmente acontecerão, estresses surgirão, mas não tenha medo deles, tenha receio, sim, das consequências de não trabalhá-los. Birras podem ser um sinal de crianças saudáveis, determinadas, ousadas e que sabem o que querem, mas que ainda não aprenderam barganhar suas conquistas, lutar pelos seus sonhos e lidar com seus limites. O grande problema está no fato de, muitas vezes, os pais nutrirem as birras, dando musculatura para as chantagens e para os escândalos. Não entre no jogo de seus filhos, não seja plateia das suas manhas e pressões.

As estratégias para pacificar a mente das crianças e lidar com as birras:

1) Decida se quer conquistar o coração ou a discussão. Muitos casais, quando brigam, querem ganhar a discussão e não o coração do outro, querem dominar o cérebro e não expressar a gentiliza ou inspirar seu parceiro ou parceira a repensar suas ações e se reinventar. Do mesmo modo, pais e filhos fazem do microcosmo da sala de casa um inferno emocional, querem ganhar as discussões e não a emoção um do outro. Essas famílias não sabem amar com inteligência. Para muitos pais, o mais importante é que sua verdade seja imposta, esquecendo-se de que quem tem sempre de vencer é o amor. Em casos assim, pais e filhos se tornam predadores uns dos outros.

Por favor, diante de qualquer atrito pare, respire profundamente e faça as seguintes perguntas a si próprio: "O que eu quero com esse embate, a saúde do meu filho ou minha autoridade? Quero dominar a rebeldia dele ou formar um pensador criativo, generoso e líder de si mesmo?". Queridos pais, se você errarem o alvo, todo este manual para formar mentes brilhantes terá sido em vão. É melhor fechar este livro. Tudo o que escrevo aqui é para quem sonha e luta para formar mentes livres, criativas, intelectualmente responsáveis e emocionalmente saudáveis.

Às vezes, pergunto para plateias com milhares de educadores: "Quem de vocês, de hoje em diante, vai conquistar o coração e não a discussão?". Todos levantam as mãos entusiasmados. Mas eu lhes digo categoricamente: "Eu não confio em vocês!". Eles riem, mas o assunto é muito sério. Por quê? Porque nós estamos viciados em querer ganhar discussões e impor nossas opiniões.

Mesmo que você tenha as melhores intenções do mundo, ainda vai errar o alvo várias vezes, é inevitável que ainda seja incoerente e rude em algum embate, mas jamais desista de si mesmo e daqueles que você ama. Sempre que perceber que está errando o alvo, retome a mira e procure acertar novamente. Treine seu Eu com as estratégias que apresento neste livro e procure ser cada vez mais eficiente numa sociedade em que a grande maioria dos pais está perdendo seus filhos e é incapaz de influenciá-los.

2) Primeiro, acalme sua mente e só depois pacifique a ansiedade de seus filhos.

Para lidar com a ansiedade de seu filho, você tem de ter controle da sua própria ansiedade. Pais ansiosos têm grandes chances de formar filhos irritadiços. Pais com baixo limiar para frustrações têm grandes chances de formar filhos intolerantes a contrariedades. Pais que fazem o velório antes dos problemas acontecerem e que sofrem por antecipação têm grandes chances de formar filhos que ficam perturbados diante das provas e dos desafios da vida.

Por outro lado, pais calmos tem mais chances de formar filhos tranquilos. Pais que transformam as perdas em ganhos e as crises em oportunidades têm muito mais possibilidades de gerar filhos empreendedores e proativos, ou seja, que tomam atitudes. Pais que pensam antes de reagir acabam por se tornar modelos de vida que estimulam o biógrafo do cérebro dos seus filhos, o fenômeno RAM, a arquivar um *pool* de janelas saudáveis ou light capaz de prevenir a impulsividade.

No entanto, para tornar tudo um pouco mais difícil, estamos na era da ansiedade, do consumismo e da intolerância aos estímulos estressantes. Na atualidade, os pais estão tão tensos que não conseguem suportar minimamente as crises de seus filhos. E quanto mais agem pelo fenômeno de ação e reação, o famoso "bateu-levou", mais estressam os filhos e colocam combustível na fogueira da ansiedade deles. Quem age rápido demais tem grandes chances de falhar. Metaforicamente falando, age como um péssimo neurocirurgião, querendo operar o cérebro dos filhos com sua autoridade, punição e violência.

Seus filhos são o seu grande tesouro, suas verdadeiras celebridades e o sentido de sua vida, então, não os contamine com seu ego inflado. No livro *O homem mais feliz da história,* conto que o primeiro e bombástico, porém pouco conhecido, código da felicidade proclamado pelo mais famoso personagem da história, Jesus Cristo, foi: "Felizes os que esvaziam seu ego, pois deles é o reino da sabedoria!". Com um ego inflado, você destrói aqueles que ama com seu preconceito, impulsividade e necessidade neurótica de transformá-los naquilo que você quer. Todas as religiões e universidades falharam em não estudar o autor dos mais incríveis códigos da felicidade.

Esvazie-se sempre de si mesmo para apostar mais e julgar menos, para aplaudir mais e criticar menos. Se você for um pai, mãe ou professor encantador, será capaz de colocar os limites para seus filhos e alunos sem que eles o rejeitem ou odeiem. Ainda que que não gostem de sua decisão, eles sempre o admirarão.

Mais de 90% das correções dos pais só fazem piorar a educação dos filhos, formando cada vez mais janelas killer. Pacifique sua mente, relaxe sua emoção e respire profundamente, mesmo que o circo esteja pegando fogo; só assim, você poderá apagar os incêndios no território da emoção dos seus filhos. Pais sábios sabem que educar é semear com paciência e colher com perseverança.

3) Não tenha medo dos escândalos e nem seja plateia das birras.

Se você tiver medo das birras dos seus filhos, eles vão aprender a manipulá-lo. E as crianças são mestres nessa área. Se você tiver medo da reação delas, toda vez que desejarem algo e você não as atender rapidamente, farão um escândalo. Muitas crianças são peritas em manipular seus pais, sabem o momento certo para dar um vexame, o que geralmente acontece em público, e sabem exatamente como tirá-los de seu ponto de equilíbrio. Há casos, inclusive, de adolescentes que sofrem de bulimia ou anorexia nervosa e que utilizam inconscientemente seu transtorno para que os pais gravitem em sua órbita. Não ser um espectador dos transtornos de seus filhos é o primeiro passo para uma boa educação.

Ser plateia dos filhos que fazem birra ou dão escândalos é reforçar as janelas killer no centro da memória deles, que patrocinam essas características doentias da personalidade. Não negocie com crianças e adolescentes que estão em meio a uma crise, esperneando, agindo violentamente, ofendendo e gritando. Nesse momento, não os atenda nem os provoque. Acalme-se, a tempestade vai passar. Jamais os puna ou os agrida, faça uso das estratégias descritas aqui.

Muitos pais se sujeitam às chantagens dos filhos em crise porque têm medo do que os outros vão achar. Se vocês se preocuparem demais com a opinião dos outros, não conseguirão pensar de forma inteligente para ajudar seus filhos. Curvar-se diante do reinado de seu filho faz parte do processo de manipulação. Até mesmo bebês de 2 anos já são capazes de reclamar o trono. Grande parte das birras mais dramáticas acontecem nessa idade. Ensine seus filhos a relaxarem e respirarem quando estiverem irritados. Diga a eles algo como: "Respire e relaxe, você não precisa ficar nervoso, aprenda a pedir e a dialogar".

Se você for plateia, o show de seus filhos vai durar muito tempo e ganhar cada vez mais densidade. No entanto, se você sair de cena, o espetáculo será mais rápido. Diga que você os ama, que eles são muito inteligentes e que quando se acalmarem você conversará com eles sobre aquilo que está causando a birra.

4) Não eleve o tom de voz e fale brandamente: ninguém muda ninguém.

O pensamento consciente é virtual, não pode, portanto, mudar as matrizes da memória dos nossos filhos, alunos, parceiros ou amigos. Você conhece os outros a partir de si mesmo. Tudo o que você fala, corrige, atrita e discute é virtual. Por isso, ninguém muda ninguém, nós temos apenas o poder de piorar os outros, mas não de mudá-los. No entanto, isso não significa que estamos de mãos atadas: nós podemos e devemos inspirá-los, ensiná-los e encorajá-los a, eles mesmos, buscarem uma mudança e arquivarem uma plataforma de janelas light para de desenvolver a capacidade de pensar antes de reagir, ter empatia e generosidade.

Portanto, nós não podemos mudar os outros, mas podemos piorá-los muito. Quando eleva o tom de voz numa discussão com seus filhos, você aciona o fenômeno RAM das crianças a registrar uma janela traumática, ou killer, que reforça tudo aquilo de que você não gosta neles. Muitos pais querem mudar filhos teimosos, mas acabam transformando-os em superteimosos ao perder o controle diante deles. Alguns se desesperam diante da ansiedade, irritabilidade, timidez, medo de falar em público, mas os comportamentos equivocados dos pais nutrem com janelas killer a própria ansiedade, impulsividade e insegurança que querem tanto mudar.

Quem eleva o tom de voz, ao invés de libertar a emoção, intimida-a. Ao invés de formar mentes seguras, fragiliza-as. Ao invés de criar mentes flexíveis e criativas, enrijece-as. Se seus filhos discutirem com você em voz alta, abaixe o seu próprio tom de voz. Saia do território do inferno emocional. Se eles gritarem mais ainda, opte pelo silêncio, pois é exatamente nos primeiros 30 segundos de tensão que cometemos os maiores erros de nossas vidas, agindo e dizendo coisas que jamais deveriam ser expressas. Não construa sua autoridade com as mesmas armas das crianças. Seus filhos têm de entender que você é um pai ou mãe sábio e maduro; têm de saber também que com pressão, gritos ou birras eles não conquistarão o que almejam.

Claro, ao colocar um limite, como vimos, as crianças e os jovens irão protestar, reclamar e espernear, mas qual o problema? Não se incomode com isso, todo inverno emocional dos filhos passa, não o prolongue com sua ansiedade. Na sua infância, você também não gostava dos limites que lhe impunham, você também protestava, ainda que silenciosamente. Não tenha medo dos protestos de seus filhos, lembre-se sempre de que eles são saudáveis. O problema real está nos excessos, quando temperados com muita agressividade.

Fale com firmeza, com segurança e sem perder a calma. Explique com amabilidade sem ser entediante. Se possível, fale objetiva e rapidamente, sem ser chato, sobre os motivos pelos quais você está colocando limites, dizendo "não" e negociando uma contrapartida. Quem eleva o tom de voz é um construtor de janelas killer, quem fala com serenidade é um construtor de janelas light, capaz de promover o autocontrole e a maturidade dos filhos. Pais nervosos, que gritam e discutem, perdem seus filhos, não os inspiram e não os guiam para sua mais importante viagem, para dentro de si próprios.

5) Não seja um apontador de falhas, não critique excessivamente.

De modo geral, crianças acham que só têm direitos e não deveres, o que é totalmente normal, pois o altruísmo, a generosidade e a empatia não são dons genéticos, mas dependem de milhares de janelas light sofisticadíssimas construídas ao longo do processo de formação da personalidade. O anormal seria se as crianças com três ou quatro anos de idade já dissessem algo como: "Papai, vou obedecê-lo em tudo", "Mamãe, você está passando por um problema? Como posso ajudar a aliviá-lo?". Todo ser humano nasce um pequeno ditador e pouco a pouco aprende – ou, pelo menos, deveria aprender – habilidades socioemocionais para ser um servo, um ser humano que tem prazer em se doar e satisfação em fazer os outros felizes.

Milhões de filhos, entretanto, continuam reis durante toda a história familiar e não aprendem essas habilidades. Mas, inevitavelmente, um dia caem nas tramas da sociedade e descobrem que ela é implacável, que eles têm tantos deveres quanto direitos e que se não aprenderem a servir, encantar os outros e se doar socialmente não terão espaço social e profissional para serem bem-sucedidos.

Muitos pais agem como se o egoísmo, o egocentrismo e o individualismo de suas crianças fossem anormais, por isso, criticam excessivamente esses comportamentos, são impulsivos, não deixam passar nenhum comportamento que desaprovam, não veem charme em certos defeitos suportáveis, não são capazes de rir de uma ou outra falha e se esquecem de que um dia já foram crianças. Quando os pais exercem a política educacional de serem apontadores de falhas, geram tantas janelas killer que bloqueiam a ousadia e a capacidade dos filhos de se reinventarem. Pais que são intolerantes e críticos, que não permitem que suas crianças errem, geram filhos superprotegidos, que não sabem tropeçar nem mesmo entender que ninguém é digno do pódio se não usar seus fracassos para conquistá-lo. Pais que são apontadores de falhas estão prontos para concertar máquinas, não para formar mentes pensantes, saudáveis e livres. Que tipo de mente você quer contribuir para formar?

6) Não seja uma pessoa repetitiva, mas sim um colecionador de elogios.

Muitos pais, assim como professores, são chatos, cansativos e repetitivos. Eles abrem a boca e os filhos sabem todo o sermão que vem pela frente. Suas broncas são cansativas e as correções, entediantes, destituídas de inteligência e criatividade. As crianças, e principalmente os adolescentes, são peritos em fazer se compararem com os outros colegas: "Ele tem e eu não, ele pode e eu não". Os pais, de modo geral, se apavoram diante disso e acabam por dar broncas e acusar os filhos de ingratidão. Sempre a mesma ladainha.

No entanto, muitos comportamentos infantis perturbadores têm seu lado positivo. Se seu filho está comparando você com outros pais e se está fazendo uma pequena chantagem, é porque tem um raciocínio complexo e esquemático, o que é louvável. Então, se você, ao invés de dar as mesmas broncas ou tecer os mesmos velhos argumentos, começar a usar as ferramentas do programa Escola da Inteligência que estão neste livro, poderá fitar os olhos dele e dizer: "Os pais dos seus colegas podem enchê-los de presentes, mas eu lhe ofereço aquilo que dinheiro no mundo todo não pode comprar: meu amor e minha admiração. Excesso de presentes, meu filho, gera mendigos emocionais, produz jovens que precisam cada vez mais de novos produtos para que possam sentir migalhas de prazer. Eu, entretanto, me preocupo com seu futuro emocional. Sua saúde psíquica e seu sucesso são vitais para mim. Eu amo você e sou muito grato por você existir". Experimente dizer isso e sair de cena. Suas palavras serão inesquecíveis, arrebatadoras.

Em minhas conferências em diversos países, sempre pergunto quem da plateia repete mais de uma vez a mesma coisa quando está corrigindo alguém. Sempre há muitos que levantam as mãos. Na realidade, sempre há alguém em nossa história que nos tira do ponto de equilíbrio – seja filho, esposa, marido, amigo, colega de trabalho, vizinho, irmão ou mesmo pais –, e nós tendemos a achar que a insistência nas mesmas ideias e palavras são capazes de transformar o outro. Ledo engano.

Quem repete duas vezes a mesma coisa é um pouco chato, quem repete três vezes é medianamente chato, e quem repete quatro vezes ou mais é insuportável. A nossa sociedade, entretanto, está cheia de professores e casais insuportáveis, gerando alunos e filhos cansativos e repetitivos. Muitos pais já vieram até mim com a reclamação de que seus filhos repetem cem vezes a mesma coisa quando querem algo. Eu, então, lhes digo que eles mesmos é que ensinaram as crianças a agir dessa forma. Se você se identifica com esses pais, mude essa postura. Não seja repetitivo.

Certo dia, um grande líder me disse: "Em duas horas de palestra, você me fez ver que eu tenho feito errado". Ao que eu lhe respondi: "Ter consciência é a melhor forma de rejuvenescer a emoção e mudar. Você não tem como corrigir o passado, mas pode mudar o futuro".

Corrija uma vez só, pois na segunda você já estará sendo chato, tocará em fenômenos inconscientes e colaborará para a formação de janelas killer. Você pode pensar que, agindo assim. seus filhos continuaram a cometer as falhas em questão. Sim, é fato, mas a situação ficará ainda pior se você insistir na estratégia errada. Leia e releia todas as estratégias que apresento neste livro. Surpreenda seus filhos, diga coisas que nunca disse antes. Exalte-os antes de corrigi-los, diga o quanto você aposta neles e depois converse sobre o erro que cometeram de forma objetiva e, então, saia de cena.

Grave por toda a sua vida e ensine a todos os educadores que você conhecer: nós podemos corrigir um filho, aluno ou qualquer outro ser humano muito mais poderosamente exaltando-o quando ele acerta do que apontando suas falhas quando erra. O primeiro comportamento constrói janelas light e o segundo, janelas killer. Um dos meus maiores objetivos com os meus gritos de alerta é mudar a era da educação mundial – a era do apontamento de falhas – para a era da celebração de acertos. Essa única mudança de política educacional já teria sido suficiente para evitar inúmeras guerras, poupar milhões de vidas e impedir milhares de assassinatos e suicídios.

Crianças e jovens são fontes de ansiedade. Controlá-los é a tarefa mais difícil do mundo. Então, quando seu filho ficar 15 segundos calmo, aplauda-o solenemente: "Parabéns, como você tem autocontrole! Estou orgulhoso de você!". Ele ficará chocado e arquivará uma janela saudável poderosa em seu córtex cerebral. Perplexo irá pensar: "Esse não é meu pai ou minha mãe e nem, muito menos, meu professor". Seja um propagador de elogios.

Se usar as estratégias corretas, você será um pacificador da mente humana em crise, um engenheiro de janelas light nos solos da MUC. Essas janelas farão com que pouco a pouco o Eu das crianças amadureça e se torne autor de sua própria história. Mas não espere resultados do dia para a noite. As características de personalidades saudáveis dependem de centenas de arquivos ou janelas. Uma andorinha só não faz verão, mas um bando delas, sim. Uma janela saudável não muda áreas doentias de nossa personalidade, mas uma plataforma, sim. Depois de semanas, meses ou anos você se surpreenderá.

Um pouco da minha história

Tive três filhas e elas não foram santas. Eram agitadas, faziam muita arte e viviam em atrito umas com as outras, principalmente as duas menores, a Carol e a Claudia. Estavam sempre em guerra. Muitas vezes, quando elas discutiam ou me decepcionavam, ao invés de gritar com elas e criticá-las severamente, eu, para espanto de todos que me observavam, as exaltava, dizendo para cada uma delas: "O papai ama muito você. Você é maravilhosa e inteligente, mas seu comportamento me machucou. No entanto, se você quiser continuar agindo assim, eu lhe dou toda liberdade". Em seguida, eu saia de cena. O resultado? Imediatamente, elas pensavam antes de reagir, desenvolviam empatia e interrompiam seu comportamento egoísta e agressivo.

E todas as vezes que elas tinham comportamentos afetivos, generosos e doadores, eu as exaltava, aplaudia, dizendo: "Parabéns, você me encantou. Sou muito privilegiado por ser seu pai". Creio que vocês entenderam que eu não queria ganhar a discussão, mas, sim, conquistar o coração de minhas filhas. Creio que também vislumbraram que, com essas atitudes, eu utilizava poderosamente o biógrafo do cérebro, o fenômeno RAM, para formar janelas light na mente delas, capazes de irrigar habilidades para que fossem altruístas e, ao mesmo tempo, serenas, amáveis, ousadas e criativas.

O resultado foi surpreendente. A Camila, a mais velha, coordena mais de quarenta psicólogas e está à frente do maior programa mundial de educação socioemocional do planeta, aplicado em mais de oitocentas escolas ao redor do mundo. A Carol e a Claudia são duas grandes amigas e notáveis profissionais, que também contribuem com milhares de pessoas. Não preciso dizer que, apesar de não ser um pai perfeito, sou o pai mais feliz do mundo.

Sempre dialoguei muito com minhas filhas sobre seus conflitos e suas dificuldades, seus sonhos e pesadelos. Diversas vezes, em situações graves, disse a elas que nunca me perderiam como pai, que poderiam sempre contar comigo, mas poderiam me perder como amigo. Em inúmeros momentos, me fiz pequeno para torná-las grandes, perguntando: "Onde o papai errou e não percebeu? O que posso fazer para que você se torne ainda mais feliz?". Elas aprenderam a se abrir comigo, a falar de seus temores e a relatar suas crises emocionais. Elas me permitiam ajudá-las na travessia dos seus desertos sociais.

Muitos filhos estão à beira do suicídio, mas nunca abriram sua biografia para seus pais, nunca abordaram suas páginas ocultas, pois se sentem inseguros, têm medo de ser julgados, criticados e de receber broncas.

Por favor, converse com as crianças mais irritadiças, inquietas, agressivas e alienadas em particular, separada das outras. Pergunte que fantasmas emocionais as assombram e o que você pode fazer para torná-las mais felizes. Pacifique-as. E faça isso continuamente.

Quantos gravíssimos conflitos poderiam ser evitados se os pais penetrassem no território da emoção dos seus filhos, até mesmo para tomar a decisão de encaminhá-los para um psiquiatra ou psicólogo, se for o caso. É fundamental perguntar sobre os sofrimentos que as crianças e os adolescentes por ventura vivem sem coragem de expressá-los, se alguém está de alguma forma abusando deles ou os constrangendo.

Lembro-me do caso de uma diretora de escola que, após assistir a uma de minhas conferências, levantou-se diante da plateia e, em lágrimas, contou-nos que fazia pouco tempo que tinha sido procurada por uma aluna, mas, atarefada, não prestou atenção ao semblante dela. Adiou a conversa para outro dia. Todavia, não deu tempo, a garota acabou se matando... Aumentamos em 40% o índice de suicídios entre jovens de 10 a 15 anos, uma estatística mundial tristíssima.

Seja capaz de dizer aos seus filhos e alunos palavras simples, mas impactantes: "Eu acredito em você"; "Não tenha medo da vida, tenha medo de não vivê-la intensamente"; "Eu já passei por uma tempestade emocional semelhante. Espere, em breve o sol vai voltar a brilhar".

Infelizmente, na era da indústria do lazer, estamos diante da geração mais triste de todos os tempos. Nunca o Eu foi tão malformado, um diretor tão frágil de uma aeronave mental. Estou feliz porque muitos pais nunca mais serão os mesmos depois de aprenderem essas ferramentas de gestão da emoção. Serão poetas da vida. E isso não quer dizer que começarão a escrever poesias, mas sim que viverão sua a história como uma, impactando, assim, aqueles que mais amam.

7

Socorro, a família moderna tornou-se um grupo de estranhos

Eu tenho escrito vários romances psiquiátricos protagonizados pelo personagem Marco Polo, como *O futuro da humanidade*, *Felicidade roubada* e *A ditadura da beleza e a revolução das mulheres*, que vão ganhar as telas de cinema. Também escrevi os romances *O homem mais feliz da história*, *O homem mais inteligente da história* e estou escrevendo *O maior líder da história*, que devem se tonar seriados internacionais. Marco Polo é meu espelho, meu ideal, enfim, um personagem que é minha imagem e semelhança.

Para terminar este manual sobre como colocar limites inteligentes e formar mentes brilhantes, vou empregar tudo que comentei nos últimos capítulos usando novamente o psiquiatra Marco Polo e seu par romântico, Sofia. O meu objetivo com isso é tornar mais cativante, emocional e impactante o conhecimento que compartilhei nestas páginas. Muitas das teses aqui faladas serão vivenciadas pela incrível dupla, um casal ousado de psiquiatras e pensadores da psicologia. Boa viagem.

* * *

Marco Polo, psiquiatra e pesquisador respeitado, estava em Orlando com sua notável companheira Sofia, que assim como ele é uma psiquiatra. Estavam fazendo uma agradável caminhada por um dos parques da Disney. Discutiam sobre a mente das crianças e dos jovens e estavam preocupadíssimos com a educação mundial.

— Sofia, observe essas crianças. A maioria tem por volta de 7 anos de idade, mas já possui uma quantidade de informações maior que reis nos séculos passados. Veja ainda aqueles adolescentes ali. Eles têm mais informações em seu cérebro do que os pensadores mais brilhantes da Grécia antiga, como Platão e Aristóteles.

— Tem razão — ela disse categoricamente. E ainda acrescentou: — Não é suportável. Estamos asfixiando o cérebro dos filhos da humanidade. Não é a quantidade de dados que determina o grau de criatividade e saúde emocional, mas, sim, a maneira como esses dados são utilizados.

— Esse excesso de dados estimula freneticamente a construção de pensamentos, gerando a Síndrome do Pensamento Acelerado e produzindo uma grave ansiedade que acelera a mente humana, esgota o cérebro e faz com que filhos e alunos sejam inquietos e não tenham limites. Além disso, essas crianças e esses jovens se tornam mendigos emocionais, precisando de muitos estímulos para sentirem migalhas de prazer — afirmou Marco Polo.

— Essa situação é muito séria, Marco Polo. E parece que todos nós estamos simplesmente ignorando esse seríssimo problema. Os pais em todo mundo estão gritando: "Socorro, meus filhos não têm limites!", mas nós não percebemos que a culpa de tudo isso está na sociedade digital, superconectada e consumista que construímos, viciada em seus *smartphones* e querendo ter cada vez mais bens materiais.

— E o grande problema é que a Síndrome do Pensamento Acelerado simula sintomas da hiperatividade ou transtorno de déficit de atenção, levando os jovens a querer tudo pronto e imediatamente, a ser impacientes, intolerantes a frustrações e a enorme dificuldade em ouvir um não — comentou o psiquiatra reflexivo.

Sofia parou, pensou e depois ponderou algo gravíssimo:

— Infelizmente, os psicólogos, psicopedagogos e médicos estão dando diagnósticos errados no mundo todo, confundindo a Síndrome do Pensamento Acelerado com a hiperatividade.

E, então, Marco Polo acrescentou, preocupado:

— Tem razão, Sofia. Esse erro de diagnóstico faz com que não poucos pediatras, neurologistas e psiquiatras prescrevam drogas da obediência para controlar a agitação emocional de nossas crianças e nossos jovens por um problema que nós causamos no psiquismo deles. Somente de um a dois por cento das crianças são hiperativas, pois têm um dos pais ou avós geneticamente ansiosos. Mas, atualmente, a Síndrome do Pensamento Acelerado está atingindo mais de setenta por cento de nossos filhos.

Sofia era muito sensível. Frequentemente, dava palestras em escolas e tinha contato com inúmeros educadores. Por isso, disse a Marco Polo:

— Conheço diretores de escolas que pressionam os pais de seus alunos ansiosos a procurar neurologistas e psiquiatras para que as crianças sejam controladas quimicamente. Eles simplesmente não entendem que seus alunos não precisam de medicamentos, mas sim de uma mudança em seu estilo de vida.

— Sem dúvida, Sofia — afirmou Marco Polo. — Eles precisam ter contato com a natureza, praticar esportes, aprender a tocar instrumentos, pintar, relaxar, usar muito menos celulares e também perder menos tempo jogando videogames. Como tenho dito em muitas das conferências em que ministro palestras, estamos assistindo calados ao assassinato coletivo da infância das crianças. E esse é um crime sem precedentes.

— O que me deixa mais triste, Marco Polo, é que os pais dessas crianças também estão com a Síndrome do Pensamento Acelerado em níveis altíssimos. O tempo todo eles sofrem de dores musculares e de cabeça, acordam cansados, sofrem por antecipação, têm dificuldade de conviver com pessoas lentas e déficit de memória ou esquecimento. E como resultado, são impacientes com seus filhos, gritam, elevam o tom de voz, criticam-nos a toda hora e são totalmente descontrolados — expressou Sofia, inteligentemente.

— São pais ansiosos gerando filhos ansiosos! — concluiu Marco Polo. — E ainda por cima são pessoas entediantes. Quando abrem a boca para corrigir os filhos, as crianças já sabem a bronca que vem a seguir. Esses adultos não sabem conquistar seus próprios filhos. Infelizmente, há milhões de pais que são meros manuais de regras, viciados em apontar falhas. Estão aptos a consertar máquinas, mas não a formar mentes brilhantes. Eles querem acertar, mas acabam por falhar muitíssimo.

— O que será da educação mundial? Que futuro os jovens terão nesta sociedade falsamente moderna? — indagou Sofia. — O ego dos pais está inflado, saturado de técnicas velhas e doentias.

— Infelizmente, o que você diz é uma verdade, Sofia. Os pais desconhecem o fato de que existe um biógrafo no cérebro humano, o fenômeno RAM, registro automático da memória, que arquiva todos os comportamentos, pensamentos e emoções sem a nossa autorização. Quando os pais elevam o tom de voz, o fenômeno RAM registra uma janela killer, ou traumática, prejudicando, assim, seus filhos. Quando criticam excessivamente ou repetem a mesma correção sem criatividade, o fenômeno RAM registra outras janelas traumáticas, prejudicando a saúde emocional dessas crianças e desses jovens — afirmou Marco Polo,.

— Diante disso, podemos concluir que mais de noventa por cento das broncas que pais e professores dão em seus filhos e alunos os prejudicam ao invés de promovê-los. Os educadores deveriam ser empáticos, colocar-se no lugar dos seus filhos e alunos, ser tolerantes, impactantes e aprender técnicas de gestão da emoção para nutrir a saúde mental de suas crianças.

De repente, Marco Polo e Sofia viram um casal dando as mãos para uma menina de cerca de 10 anos. Pareciam muito felizes. Mais eis que a garotas passou por uma vitrine e avistou um aparelho celular que havia acabado de ser lançado. Ansiosa, ela pediu:

— Pai, me dá aquele celular?

— Não, filha, seu celular está novo.

E, então, a menina começou a ter uma crise ansiosa.

— Eu quero! Eu quero!

O pai gritou.

— Não! Eu não vou comprar para você um celular novo!

— Mas eu quero, eu quero! Todas as minhas amigas têm, só eu que não.

A mãe, desesperada, afirmou:

— Essa menina fala cem vezes a mesma coisa!

Nesse momento, a menina afirmou para a tristeza dos pais:

— Vocês não me amam! — Desvencilhou-se deles e saiu correndo.

O pai, que tinha um porte físico de quem pratica esporte, correu atrás e voltou segurando a menina pelo braço.

A menina chorava sem parar. Então, Marco Polo se aproximou daquela família e disse aos pais:

— Posso falar com vocês?

O pai bradou:

— Não interfira em nossa educação! É minha filha e não sua.

Sofia ficou apreensiva com a ousadia de Marco Polo, que emendou:

— Sim, mas, antes de ser sua filha, ela é filha da humanidade e como membro da família humana, ainda que não seja responsável juridicamente pela educação de sua menina, sou corresponsável emocionalmente por ela.

A mãe olhou espantada para Marco Polo. Era uma advogada. Perguntou-lhe:

— Por acaso você é advogado?

— Não, sou psiquiatra. Muito prazer, meu nome é Marco Polo.

— Marco Polo? — o pai indagou, perplexo. — Por acaso você não é o escritor publicado em dezenas de países, o cientista que desenvolveu técnicas de gestão da emoção?

— O próprio — afirmou Marco Polo.

— Desculpe-me. Eu sou o Max e essa é minha esposa, Loren — disse o pai, arrependido de sua arrogância. — Estamos perdidos na educação da Susan, nossa filha.

A garota ainda não tinha parado de chorar.

— Eu sou a Sofia, assistente do doutor Marco Polo. Posso conversar um pouquinho com a Susan?

A maneira como Sofia pegou na mão de Susan e as primeiras palavras que ela disse já foram suficientes para abrir a emoção da menina.

— Susan, na sua idade, quando eu queria algo, insistia muito, exatamente como você.

Sofia se afastou um pouco para Marco Polo poder conversar com os pais da garota.

— Estamos muito confusos, doutor Marco Polo — afirmou Loren. — Gritar não adianta, colocar de castigo também não resolve. Minha filha não tem limites. Quer tudo imediatamente e não é capaz de ouvir um não. O que nós podemos fazer?

— Ela usa celular o dia todo? — perguntou Marco Polo.

— Sim — responderam os pais.

— Os *smartphones* produziram acesso ao conhecimento, melhoraram a comunicação e trouxeram ganhos, mas, infelizmente, eles não são tão maravilhosos assim. Na realidade, estão intoxicando digitalmente os jovens e gerando uma ansiedade jamais vista na história da humanidade. Retire o celular da Susan por um ou dois dias e vocês verão sintomas da síndrome de abstinência, como alguém que interrompe o uso de uma droga.

— Já vimos isso na prática. Quando punimos a Susan com uma semana sem celular, ela se deprimiu e disse que não queria viver mais, teve insônia e ficou muitíssimo inquieta — disse Loren.

— Por favor, Max e Loren, não sejam entediantes. Conquistem a filha de vocês de dentro para fora. Criem um impacto no território da emoção dela!

— Mas como podemos fazer isso, doutor Marco Polo? Já tentamos de tudo.

— Não afirme isso. Se já tivessem tentado as técnicas de gestão da emoção, talvez a história de vocês hoje fosse outra. Vocês apontam falhas dela?

— Sim, a todo momento — comentou Loren.

— Quem é viciado em apontar falhas está apto a consertar máquinas, Loren, mas não a formar pensadores empáticos, altruístas, generosos e resilientes. E, agindo dessa forma, vocês criam muitas janelas killer, que só fazem piorar a emoção da Susan. De agora em diante, vocês vão mudar sua política educacional, vão passar da era do apontamento de falhas para a era da celebração dos acertos.

— Nunca ouvi falar dessa mudança de era e nem dessa política educacional. Como podemos fazer essa mudança na prática?

Então, Marco Polo os ensinou com maestria:

— Cada comportamento saudável da Susan terá de ser comemorado, não poderá mais passar despercebido. Se sua filha ficou calma, ainda que por quinze segundos, aplauda-a. Diga algo como: "Parabéns, filha, como você está tranquila!". A cada momento de tolerância, exalte-a: "Filha, você é incrível, tenho muito orgulho de você".

— Poxa, nós realmente nunca fizemos isso. O que essa mudança provocará na mente dela? — indagou a jurista Loren.

— Essa técnica estimulará o biógrafo do cérebro da Susan, o fenômeno RAM, a registrar inúmeras janelas saudáveis, chamadas de janelas light, mudando pouco a pouco a paisagem de sua personalidade. Uma andorinha só não faz verão, mas um bando delas, sim. Uma janela light não muda a expressividade das características de personalidade, mas uma plataforma de janelas é capaz de fazer isso.

— Surpreendente! — expressou Max, que era especialista em tecnologia da informação. Ele conhecia a memória dos computadores, mas agora estava conhecendo a sofisticadíssima memória humana. — Se conquistarmos o território da emoção, conseguiremos ter mais impacto sobre nossa filha. Mas o que fazemos quando ela fizer birra, gritar e espernear?

— Elogiem a pessoa que erra mais do que seu erro. Exaltem-na antes de apontar a falha, assim, vocês produzirão em sua filha janelas light. Caso contrário, se apontarem a falha, o erro, o comportamento grosseiro da Susan em primeirao lugar, estimularão o biógrafo cerebral a produzir mais e mais janelas killer. Exaltem-a, digam a ela o quanto é inteligente, que vocês creem que ela tem um futuro brilhante, e só depois falem sobre o comportamento errático dela. E depois que o fizerem, simplesmente saiam de cena.

Minutos depois, a tempestade emocional que se abateu sobre Susan passou e o céu de brigadeiro voltou àquela família. Outras tempestades viriam, só que os pais tinham agora algumas ferramentas para deixarem de ser um grupo de estranhos, uma família que se digladia.

Marco Polo e Sofia receberam um grande abraço de Max e de Loren. Susan também lhes deu um beijo. A menina, agora, teria mais possibilidades de ter um futuro emocional saudável e inteligente dali para frente.

8

Socorro, há uma epidemia da tristeza!

Marco Polo e Sofia seguiram sua caminhada pelos parques da Disney. Olhavam a beleza do local, mas continuavam muito preocupados. Os adolescentes não contemplavam o belo e muitos não tiravam os olhos das telas de seus celulares, provavelmente conectados em suas redes sociais.

— Observe, Sofia, os celulares conectaram quem está longe, mas desconectaram quem está perto. As crianças e os jovens de hoje quase não conversam com seus pais e não são capazes de observar o parque como os de antigamente — disse ele preocupado.

Os dois psiquiatras comentaram que os pais e professores deveriam encorajar mais os filhos e alunos a praticar esportes, aprender a tocar instrumentos musicais, ter contato com a natureza, pintar e se reinventar, ou seja, as crianças deveriam se envolver mais em atividades lentas, calmas e inteligentes, que tranquilizam a mente e formam uma personalidade saudável. Marco Polo ainda acrescentou:

— Tenho ministrado palestras a juízes, policiais federais, sindicatos de advogados e tenho dito que estamos assistindo a uma nova onda de trabalho escravo legalizado, ou seja, as crianças têm tempo para tudo, mas não para ter infância, brincar e se aventurar. Como é possível que elas não adoeçam? Como evitar que elas sejam inquietas e estressadas?

— Tem razão, Marco Polo. E tudo piorou com a era digital. As crianças e os adolescentes, bem como os adultos, vivem a tese de gestão emoção: "Se a sociedade me abandona, a solidão é suportável, mas se eu mesmo me abandono, ela é intolerável" — comentou a inteligente psiquiatra infantil.

— De fato, Sofia, milhões de jovens estão se abandonando. Por isso, estamos vivendo uma epidemia de ansiedade e depressão, pior ainda, uma epidemia de suicídios. Aumentamos em quarenta por cento o índice de suicídios entre jovens de 10 a 15 anos.

— No passado, o fenômeno do suicídio era raríssimo — completou Sofia.

— E todo jovem ou adulto que pensa em morrer, no fundo, tem fome e sede de viver, mas não sabe disso! — afirmou o psiquiatra e pesquisador Marco Polo. — Infelizmente, como tenho dito em minhas conferências internacionais e em meus livros, nunca tivemos uma indústria do lazer tão poderosa quanto a de hoje em dia e, paradoxalmente, nunca tivemos uma geração tão triste.

— Nos finais de semana, pais e filhos não deveriam usar seus celulares como *smartphones*, para entrarem nas redes sociais, a não ser em casos em que seja realmente necessário. Deveriam usá-lo apenas como telefone, para fazerem ligações.

— Concordo, Sofia. Se não aprendermos a ter controle dos aparelhos digitais, continuaremos a viver em uma sociedade estressada, ansiosa, depressiva e com baixos níveis de prazer em viver. Vamos fazer um movimento mundial para que as pessoas usem os celulares como telefone nos finais de semana e não como *smartphones*. Para que os pais aplaudam seus filhos e os filhos curtam seus pais, pois a família é a melhor rede social que podemos ter.

— Parabéns pela ideia, Marco Polo. Sim, vamos fazer esse movimento, não será fácil, mas é profundamente necessário. Caso contrário, a família moderna se transformará cada vez mais em um grupo de estranhos...

Depois disso, ambos chegaram a conclusão de que os pais deveriam ser jardineiros de janelas light no córtex cerebral de seus filhos. E, para isso, eles deveriam, em primeiro lugar, dialogar com seus filhos e não simplesmente impor suas ideias. Em segundo lugar, deveriam elogiar todos os dias seus comportamentos nobres que passam despercebidos, e não ficar grotescamente apontando falhas. Em terceiro lugar, deveriam considerá-los suas verdadeiras celebridades, o que os faria dar uma atenção maior a eles do que ao seu trabalho, aos personagens do esporte, música e TV, ou mesmo a suas redes sociais. Em quarto lugar, deveriam transferir para eles uma coisa que dinheiro nenhum é capaz de comprar, o capital das experiências. Eles podem falar com as crianças sobre suas próprias lágrimas para que, então, os filhos aprendam a chorar as deles. E, por fim, em quinto lugar, todas as ferramentas anteriores os preparariam para colocar limites inteligentes em seus filhos.

E, então, se essas ferramentas fossem usadas diariamente em casa e na sala de aula, muitos presídios se transformariam em museus e muitos hospitais psiquiátricos se converteriam em conservatórios musicais, pois haveria menos réus e menos pessoas doentes na humanidade.

Os melhores pais do mundo

Depois dessa experiência, Marco Polo e Sofia viajaram para Nova York. Logo que desembarcaram no imenso aeroporto John F. Kennedy, resolveram visitar o centro da cidade.

Depois de uma caminhada, Marco Polo resolveu entrar, na companhia de Sofia, em um café próximo ao belíssimo jardim do Central Park. Queria relaxar um pouco. Todavia, junto deles, entrou um pai com dois filhos, um menino de 7 anos e outro de 12. E, mais uma vez, aconteceu um terremoto emocional bem à sua frente. Parecia que Marco Polo atraía esses abalos sísmicos. Mas, na realidade, esses pequenos escândalos eram tão comuns que surgiam diariamente em todos os lugares de todas as cidades de todas as nações. O pai, logo na entrada, já lhes deu uma bronca. Os dois meninos competiam um com o outro, fazendo brincadeiras de mão.

— Parem de importunar um ao outro, eu não aguento vocês! E andem mais rápido, vocês parecem duas lesmas!

Pelo sotaque, dava para se perceber que eram de origem francesa. Os meninos estavam plugados em seus celulares. O pai, Marco Polo e Sofia mais tarde viriam a saber, era o doutor Jean Macron, um respeitado neurologista de Paris. Separado de sua esposa, tinha a guarda compartilhada dos filhos e estava de férias em Nova York. O pai pretendia passar dias maravilhosos e relaxantes com os filhos nos Estados Unidos, mas o ambiente não estava para céu de brigadeiro, e sim para chuvas e trovoadas. Em apenas dois dias, já havia perdido por volta de dez vezes a paciência com as crianças. Preferia, como muitos pais, que os filhos ficassem plugados no celular, como zumbis, do que dando trabalho com suas birras, atritos, competições e agitações.

As crianças continuavam aparentemente importunando um ao outro. Um mexendo no cabelo do outro. O pai voltou a carga, agora em tom bem mais alto.

— Chega, vocês têm de se comportar. Tudo o que vocês sabem fazer é perturbar seu pai. Joguem aí em seus celulares e fiquem quietos. Se não se comportarem, voltaremos para o hotel sem comer!

Observando o comportamento do pai, Marco Polo fez um gesto de falar com ele. Sofia tentou contê-lo, mas era impossível.

— Desculpe-me, senhor, mas um irmão mexer assim com o outro, terem pequenos atritos e competirem entre si é um sinal de vitalidade. Hoje em dia, as crianças estão ilhadas. Lidar com esses estímulos estressantes é vital para que eles se tornem seguros, autônomos e resilientes. As telas digitais não acalmam, apenas sufocam.

— Desculpe, mas eu não pedi sua opinião — disse o neurologista, olhando Marco Polo de cima a baixo. Não acreditava que havia sido abordado por um ousado estranho. Pegou nas mãos dos filhos e os dirigiu para uma mesa.

Sofia ficou ainda mais tensa do que já estava. Tentou se refazer, respirou lenta e profundamente, então, comentou com Marco Polo:

— Infelizmente, quanto pior a qualidade da educação, mais importante será nosso papel como psiquiatras, pois as crianças ficarão mais e mais doentes.

Em seguida, os dois meninos ficaram totalmente absortos em seus *smartphones*. E o pai, doutor Jean Macron, também acessava freneticamente as mensagens em seu celular. Subitamente, o menino mais novo, Pierre, gritou alto que tinha vencido uma fase de um jogo digital.

— Eu ganhei, eu ganhei!

O pai bateu na mesa, assustou todo mundo no café, mais uma vez, deu uma bronca em seu filho.

— Fique quieto, menino! — E bateu nas mãos dele. — Já disse, não quero que perturbe o ambiente!

O comportamento do pai transtornou mais o ambiente do que o inocente grito de vitória de Pierre. O garoto havia sido diagnosticado com hiperatividade, um transtorno de déficit de atenção. Foi o próprio pai quem o diagnosticou. Prescreveu ao garoto uma "droga da obediência" e, por isso, embora agitado, sua voz estava um pouco pastosa, os gestos controlados e o olhar profundo. No entanto, como acontece com milhões de crianças, o diagnóstico de Pierre também estava errado. Ele não era um garoto geneticamente hiperativo, muito menos fora um bebê que nasceu prematuro, era apenas um menino hiperestimulado pelos aparelhos digitais – com o olhar voltado para a tela do celular durante seis horas ao dia –, tinha excesso de brinquedos, múltiplas atividades diárias – esporte, curso de línguas, curso de natação etc. – e ficava muitíssimo tempo diante da TV, pelo menos quatro horas por dia. Só não tinha tempo para ele mesmo.

Depois da bronca, o neurologista voltou a enviar mensagens freneticamente pelo seu celular. Indignado, Marco Polo aproximou-se novamente dele. Sofia tentou segurá-lo mais uma vez, pois ele poderia ter problemas com a lei.

— Espere, Marco Polo. Você vai acabar causando confusão!

— Mas a confusão já foi causada. Veja o semblante daquelas crianças.

Era impossível calá-lo.

— Senhor?

O pai elevou os olhos para ele, irado. Em seguida, Marco Polo teve a coragem de dizer:

— Senhor, a vida é brevíssima para se viver e longuíssima para se errar. O senhor pode ser um bom pai, mas não desgrudar de seu celular quando a família está reunida ao redor de uma mesa é um crime educacional!

O garoto mais novo nem prestou atenção nas palavras de Marco Polo, nem levantou os olhos da tela. O mais velho, o pré-adolescente de 12 anos, interrompeu o acesso e ficou preocupado. Conhecia as crises de seu pai. Irritadíssimo, o neurologista francês deu um soco na mesa e agrediu Marco Polo com palavras.

— Quem você pensa que é para interferir na educação dos meus filhos, seu... seu... intruso? Saia já da minha frente. São meus filhos, eu os educo como bem entender.

Os clientes do restaurante, ao ouvirem a reação grandiloquente do pai, dirigiram o olhar para eles.

Era um dramático foco de tensão. Mas Marco Polo, mesmo correndo riscos ousou dizer:

— Antes de serem seus filhos, suas crianças são filhos da humanidade. E é por isso que eu respeitosamente intervenho.

Marco Polo foi um dos raros seres humanos que evocou um direito de intervir numa família nuclear afirmando que todos pertencemos à família humana. Não sabia se tinha amparo legal para sua atitude, mas tudo o que queria era ajudá-los.

— Garçom, chame o segurança! — esbravejou o pai em voz alta.

— Um segurança poderá protegê-lo contra mim, mas que segurança poderá proteger a mente de seus filhos contra os ataques dos estímulos estressantes que recebem a todo momento?

O neurologista sentiu o golpe intelectual, mas não se curvou. O que fez foi o oposto, sentenciando Marco Polo.

— Tirem esse terrorista de perto de mim!

Falar em terrorismo em Nova York causava um terremoto na mente humana. Aquela frase do neurologista detonou o gatilho mental e abriu janelas killer no cérebro de todos os clientes, gerando gritos e reações de desespero.

O tumulto foi geral, alguns clientes não sabiam se saiam correndo ou choravam. Imediatamente, duas pessoas, um segurança e um policial que fazia ronda nas ruas, apareceram. O policial segurava uma arma e apontou para Marco Polo. O segurança, tentando contê-lo, deu-lhe um soco. O psiquiatra, então, caiu e começou a sangrar. Indelicado, o segurança pegou Marco Polo pelo pescoço e tentou sufocá-lo. O policial não baixava a arma, apontada diretamente para a cabeça do psiquiatra.

Sofia clamava apavorada:

— Ele não é um terrorista! Ele é um psiquiatra americano!

O clima se arrefeceu um pouco e os clientes diminuíram sua tensão depois das palavras de Sofia. Marco Polo foi algemado e, mesmo com os lábios sangrando, levantou-se e enfrentou com mais ousadia aquele pai. Disse com dificuldades:

— Os pais não são terroristas, mas podem causar um clima de terror no território da emoção de seus filhos. Tenho ministrado conferências para plateias de magistrados, promotores e policiais federais dizendo que estamos assistindo a uma nova onda de trabalho escravo infantil legalizado em todo o mundo!

O segurança e o policial não entenderam nada, mas perceberam que esse não era um discurso de um criminoso. O segurança relaxou sua chave de braço, mas o policial ainda apontava sua arma para Marco Polo. No entanto, a arma das ideias do psiquiatra continuava disparando. O neurologista ficou perturbado.

— As crianças têm mil atividades na atualidade. Uma criança de 10 anos de idade tem mais informações do que pensadores dos séculos passados — afirmou o pensador da psiquiatria e psicologia. E acrescentou: — Elas têm tempo para tudo, celular, videogames, internet, TV, curso de línguas, menos para ter infância, brincar, se aventurar e se reinventar! A crianças não têm mais tempo para ter infância. Essa hiperestimulação não é um trabalho intelectual escravo, senhor?

Nesse momento, Jean Macron ficou sem voz. Embora fosse um neurologista respeitado em Paris, um professor universitário aplaudido, ele tinha perdido o controle da educação dos filhos. O filho mais velho era obeso, comia compulsivamente como se o mundo fosse acabar a qualquer momento e o mais novo não se concentrava, era impulsivo e não sabia minimamente ser contrariado. Marco Polo passou as mãos nos lábios para conter o sangramento. Um cliente, revelando generosidade com a sua sabedoria, estendeu-lhe um guardanapo de papel. Depois de conter seu sangramento, psiquiatra concluiu:

— O resultado desse trabalho intelectual escravo de nossos filhos é a Síndrome do Pensamento Acelerado. Essa síndrome produz uma ansiedade explosiva, que, por sua vez, gera inquietação, comportamentos compulsivos, repetição de erros, teimosia, incapacidade de conviver com pessoas lentas, impaciência e baixo limiar para frustrações. Enfim, sintomas que muito parecidos com os da hiperatividade.

Ao dizer essas palavras, Marco Polo descreveu a personalidade dos filhos de Macron. O neurologista quase caiu da cadeira. Era quase impossível abrandar a ansiedade de seus filhos. Por fim, mais humilde, confessou:

— Eu sou neurologista... — disse ele, intimidado. — Você quer dizer, então, que o diagnóstico e o tratamento das crianças estão errados?

Ao ouvir o diálogo intrigante entre Marco Polo e o cliente do café, o policial imediatamente abaixou sua arma e falou para o segurança em voz baixa:

— O meu filho também tem esses comportamentos...

Aos poucos, outros clientes foram se aproximando para ouvir o interessante debate.

— Ah, um neurologista! — expressou Marco Polo. — Doutor, a grande maioria dos diagnósticos e das propostas de tratamento para as crianças ansiosas está errada. Os médicos em todo o mundo estão considerando crianças hiperestimuladas como hiperativas. Crianças hiperativas compõem de um a dois por cento da população e tem de ter pai, mãe, avô ou avó geneticamente hiperativos. Todavia, por volta de setenta por cento das crianças da atualidade estão apresentando sintomas parecidos, mas na realidade sua mente é hiperacelerada, elas sofrem da Síndrome do Pensamento Acelerado.

— Como assim? — indagou o neurologista quase sem voz.

— Os sintomas da hiperatividade são semelhantes aos dessa síndrome, mas as causas são distintas e o tratamento também deveria ser. As causas são o excesso de *smartphones*, videogames, TV, e o tratamento deveria ser reorganização do estilo de vida, colocando limites para mídias digitais e estimulando as crianças a brincar, se aventurar, pintar, aprender um instrumento musical, praticar esportes e curtir mais a vida.

De repente, Sofia abriu sua boca e deixou todos os que a ouviam perplexos.

— Entretanto, infelizmente, estamos cometendo dois crimes contra centenas de milhões de crianças e adolescentes em todas as nações: primeiro, estamos furtando a infância delas com excesso de atividade e intoxicação digital; segundo, estamos usando nosso arsenal medicamentoso para dominar o cérebro delas!

— Não é possível! Quem são vocês? São médicos? — indagou, confuso, o reconhecido neurologista. Nunca ouvira uma explicação tão rápida e tão clara num ambiente tão inoportuno.

Marco Polo comentou humildemente:

— Sou um pequeno pensador da psiquiatria que defende a tese de que seus filhos precisam administrar sua mente, gerenciar sua emoção, e, para isso, precisam do capital das experiências dos pais, aquilo que o dinheiro não pode comprar. Sem esse capital, não há admiração na relação entre pais e filhos e, sem admiração, o amor não é sustentável. O senhor sabe dizer se seus filhos o admiram?

O neurologista, pego de surpresa, engasgou. Parecia que conhecia Marco Polo. Aquelas palavras e sua maneira de falar sobre o planeta mente pareciam-lhe um pouco familiar. Os pais do café que o ouviam atentamente, inclusive o policial, disseram, então, uns para os outros:

— Não. Meus filhos não me admiram.

O neurologista olhou para as crianças e também confessou:

— Acho que não.

— Desculpem-me a franqueza, mas vocês perderão seus filhos se usarem as técnicas erradas de gestão da emoção: ser perito em dar broncas, especialista em apontar os erros e um estímulo estressante para o cérebro de seus filhos, pressionando-os, elevando o tom de voz, criticando a cada falha e repetindo as mesmas correções todos os dias.

O pai quase desmaiou. Diariamente, usava as técnicas erradas. O menino mais velho escreveu em seu celular e mostrou para Marco Polo: "Meu pai me dá tantas broncas que parece que sou o pior filho do mundo".

— E como posso reverter esse quadro? — indagou, agora com humildade, o médico parisiense.

Marco Polo abriu-lhe o horizonte.

— Conquiste a saúde emocional e a admiração dos filhos usando as ferramentas de gestão da emoção: preste atenção nos acertos deles e não apenas nos erros; observe inúmeros comportamentos inteligentes que eles têm e que passam despercebidos; elogie pelo menos três vezes por dia cada um de seus filhos; dê risadas de alguns erros suportáveis, pois você também não era santo na sua infância; exalte a pessoa que erra antes de apontar o erro que ela cometeu, dizendo algo como: "O papai aposta em você, você é brilhante; agora, pense em seu comportamento!"; e, por fim, pergunte sempre sobre seus sonhos e pesadelos, onde você, pai, errou e não soube e o que fazer para tornar seu filho mais feliz.

O famoso médico ficou paralisado, começou a derramar lágrimas e, em seguida, as enxugá-las.

— Nunca fiz nada disso.

Os clientes, o segurança e o policial também não. Não sabiam transferir aos seus filhos o capital de suas experiências.

— Senhor, nunca ninguém me ensinou como educar a emoção do meu filho. Em pouco tempo, aprendi mais com o homem que algemei do que em toda minha vida — confessou o policial, tirando as algemas de Marco Polo. E, então, acrescentou: — Na realidade, eu é que estou algemado por meus comportamentos tolos. Estou perdendo meu casal de filhos adolescentes. Ele diz que me odeia e ela, que não me suporta mais. Preciso desesperadamente reconquistá-los.

O filho mais velho do neurologista prestava atenção naquela conversa como um ofegante que procurava o ar. O neurologista acreditava falsamente que era um pai acima da média, pois, mesmo separado de sua esposa, procurava estar presente, pelo menos fisicamente, na vida de seus filhos.

— Eu sou um pai que dou presentes, mas não sei estar verdadeiramente presente. Confesso que, embora seja neurologista, nunca fui educado para gerir minha emoção ou mesmo treinar meus filhos a gerir as deles. As sociedades europeia, americana e asiática estão psicóticas. Não percebemos que a mente das crianças mudou, e a educação familiar e escolar continuam jurássicas, não sofreram qualquer alteração. Estamos asfixiando nossos filhos e alunos dramaticamente...

Nesse momento, Marco Polo falou algo complicado, mas de forma muito simples. Como pesquisador da complexa fronteira da construção de pensamentos e como professor de psiquiatria, não podia nem conseguia se calar.

— Primeiro, vocês devem entender o que as faculdades de medicina, psicologia e pedagogia deveriam ensinar sobre as armadilhas mentais dos tipos de pensamentos, mas simplesmente não o fazem porque não estudaram essa última fronteira da ciência: há dois tipos de pensamentos conscientes. O primeiro é o pensamento lógico-dialético, que copia os símbolos da língua, o tipo mais pobre e que serve para criticar, apontar falhas e dar broncas. O segundo é o pensamento imaginário-antidialético, que liberta a criatividade. Este último serve para ensinar por metáforas, compreender, ter compaixão, inspirar, sonhar, contemplar o belo e relaxar de maneira bem-humorada!

— E como eu nunca ouvi falar disso antes? — indagou um cliente que era psicólogo e que fora cativado pelas ideias de Marco Polo. — Sou perito em usar o pensamento lógico, um especialista em criticar e não em inspirar meus filhos e alunos...

O neurologista meneou a cabeça, querendo dizer: "Eu também não sei nada sobre esse assunto". Então, Marco Polo comentou que o uso do tipo de pensamento errado, principalmente do tipo lógico-linear, na educação mundial gerou pais rígidos, cartesianos, racionalistas e aptos a corrigir erros e conviver com máquinas, mas não a formar mentes brilhantes. Em seguida, o psiquiatra completou:

— Libertem o pensamento antidialético ou imaginário, para apoiarem, relaxarem, inspirarem e sonharem! Usem-no para encantar, para dizer aos seus filhos coisas como: "De todas as coisas que eu conquistei na vida, você é a melhor delas, meu filho. Obrigado por existir!". Os altos níveis de ansiedade e alienação das crianças e dos adolescentes, patrocinados pela Síndrome do Pensamento Acelerado, precisam de pais únicos, livres, flexíveis, criativos e que saibam colocar limites inteligentes. Deixem seus filhos admirarem vocês!

O filho mais velho do neurologista, Jean Lucas, deixou escorrer algumas lágrimas, mas o pai não percebeu. Ele estava obeso, sua autoestima estava baixíssima e ele sofria *bullying* com frequência, mas o pai não tinha ideia disso. Aliás, nunca perguntou ao garoto sobre as dores que vivenciava. A obesidade infantil atinge mais de centenas de milhões de crianças, um problema tão grave como a fome.

Jean Lucas era autopunitivo, autocobrador, depressivo e pessimista, mas nem neurologista, nem seus professores percebiam. Só se preocupavam com o resultado nas provas escolares. Era uma criança doente, filha de um pai doente, estudando em uma escola também doente. O neurologista criticava sua obesidade, sua compulsão por comer, sem atentar para as causas do problema...

As palavras do psiquiatra abriram as janelas da mente do neurologista. Num lampejo, ele reconheceu o cientista que o enfrentara. Já havia lido alguns de seus livros.

— Espere! Você, por acaso, é o doutor Marco Polo? O respeitado pensador e escritor?

Marco Polo meneou levemente a cabeça afirmativamente. O neurologista ficou rubro e começou a suar frio. Com um misto de admiração e perplexidade, confessou:

— Eu lhe peço mil desculpas. Sabia que conhecia o autor dessas teses. — Em seguida, fez ao psiquiatra um pedido: — Posso tirar uma *selfie* com o senhor?

O policial e outros clientes também tiraram fotos.

Os que estavam mais distantes não entenderam nada. Após as fotos, Marco Polo explicou:

— Vocês tiraram *selfies*, mas suas mais importantes celebridades são seus filhos, parceiros, pais e amigos. Por favor, deem a eles o melhor de si. Inspirem-nos, estimulem-nos a sonhar, aplaudam seus acertos e promovam o que eles têm de melhor.

Jean Macron já havia viajado para dentro de si. Tão logo Marco Polo e Sofia se despediram, o pai olhou ao seu redor e viu o filho de 12 anos com os olhos embebido em lágrimas.

— Há algo errado com você, meu filho?

O menino tirou de sua mochila um pequeno cofrinho com muitas moedas. Em silêncio, começou a contar seu dinheiro. Preocupadíssimo, o pai, rápido em julgar, indagou irritado:

— De onde veio esse dinheiro, Jean Lucas? De onde você pegou?

O menino continuou chorando e contando seu dinheiro. Foi o silêncio mais longo e importante que uma criança poderia ter. E, finalmente, concluiu sua contagem, visivelmente emocionado.

— Duzentos euros. Está aqui, papai.

— O que significa isso, filho? — mais uma vez o pai perguntou, com a voz alterada.

— Você é médico, papai, e tem muitos pacientes... — disse o garoto, enxugando o rosto com as mãos — Há um ano guardei moeda por moeda...

— Mas por quê? — indagou o pai confuso.

— Para pagar uma consulta com você...

— Para que, meu filho? — perguntou o pai, abalado.

— Para você conversar comigo, pai! Você fala com seus pacientes e em casa só fica no celular. Nunca conversa comigo. Só sabe me dar broncas.

O pai, caindo em si, também começou a chorar.

— Desculpe, meu filho. — Disse o pai perturbado. Foi primeira vez que chorou diante de seus filhos. — Você está passando por algum conflito?

— Estou triste, pai, muito triste.

O pai entrou em pânico.

— Mas por quê? O que está acontecendo com você?

— Os meus colegas zombam de mim todos os dias na escola. Me chamam de elefante e baleia assassina. Não aguento mais! Eu tento sorrir, mas essas brincadeiras estão me matando... — Depois de uma pausa, o garoto contou ao pai algo que o abalou dramaticamente: — Eu disse para mim mesmo que, quando voltássemos a Paris, eu não queria viver mais...

O pai, diante da possibilidade de suicídio do filho, disse desesperado:

— Meu filho querido, você é tão bonito.

— Mas eu não acho isso. E, às vezes, até sinto que você tem vergonha de mim.

— Não, em hipótese alguma — disse o pai, pegando as mãos do menino.

— Então, por que você não me apresenta a seus amigos?

— Filho, não pense assim. Eu tenho orgulho de você.

— Você não repara que eu só uso camisa de manga comprida?

— Não, eu não percebi. Mas por quê?

Então, o garoto arregaçou a manga e mostrou seu braço. O pai ficou horrorizado. Os braços estavam cheios de cicatrizes.

— Por que meus braços são todos marcados, eu me mutilo.

— Filho, por que você faz isso, meu Deus?

— A dor por dentro é tão grande que eu me machuco, papai...

Muitas crianças, na era de digital, sentem-se tão tensas que tentavam se mutilar para neutralizar a dor emocional. E, quanto mais fazem isso, mais expandem seu conflito. O pai, em prantos, levantou-se e deu um longo abraço em Jean Lucas.

O menino mais novo, o de 7 anos, que parecia tão alienado, também confessou:

— Você também só critica meus erros, papai. Não passa um dia sem me dar pelo menos umas cem broncas. Acho que sou o pior filho do mundo também. Você nunca me abraçou desse jeito...

Doutor Macron, em lágrimas, envolveu também o outro filho.

— Desculpem-me, desculpem-me, meus filhos — expressou para ambos.

Embora fosse um intelectual da medicina, o neurologista era um analfabeto em gestão da emoção. Nunca encantou sua esposa, nunca inspirou sua emoção nem mesmo irrigou seus sonhos. Separado, nunca entendeu a difícil equação da relação entre pai e filhos. Mas quem ama apenas com a emoção está fadado ao fracasso. O amor sem admiração é insustentável. Emocionadíssimo, reconheceu, pela primeira vez, seus erros diante dos filhos:

— Eu sou um pai imperfeito, mas tenho o privilégio de ter os melhores filhos do mundo. — E lembrou-se das ferramentas de gestão da emoção comentadas pelo doutor Marco Polo minutos antes. E, então, continuou: — Daqui por diante, serei um dos melhores pais do mundo...

Os melhores pais do mundo não são os educadores perfeitos, mas os que reconhecem os erros, corrigem corajosamente suas rotas e escrevem os capítulos mais importantes de suas vidas nos momentos mais difíceis de sua história.

Os melhores pais do mundo são os que aprendem a impor limites a seus filhos sem discutir, punir ou pressionar. Eles o fazem com inteligência, explicando com calma e sabedoria. Não são permissivos, pois sabem que uma vida sem limites é um céu sem estrelas, uma mente sem responsabilidade social.

Os melhores pais do mundo são os que não têm medo das birras dos filhos, mas esperam que se acalmem para só depois orientá-los. São os que têm maturidade para elogiar antes de corrigir, de exaltar quem falha mais do que seu próprio erro.

Os melhores pais do mundo são os que têm sensibilidade para dizer às suas crianças ou adolescentes algo como: "O que posso fazer para torná-lo mais feliz? Onde eu errei com você e não percebi? Que pesadelos os assombram?".

Os melhores pais do mundo são inspiradores, são os que encorajam seus filhos a entender que "quem vence sem riscos triunfa sem glórias. Não há céus sem tempestades nem caminhos sem acidentes. São os que ensinam que ninguém é digno do sucesso se não usar suas crises e falhas para conquistá-lo".

Os melhores pais do mundo são saturados de amor inteligente, são capazes de fitar os olhos do seu filho e falar: "Você faz toda a diferença na minha vida. Sou um privilegiado por tê-lo em minha história. Apesar de eu trabalhar tanto, você é insubstituível e inesquecível. Muito obrigado por você existir!".

Sonhe em ser o melhor pai ou mãe do mundo, com todos seus erros, tropeços e incoerências. E, se sonhar, não tenha medo de falhar. E, se falhar, não tenha medo de chorar. E, se chorar, repense sua vida, mas jamais desista de você e de seus filhos, por mais que eles o frustrem. Jamais se esqueça de que eles são os melhores filhos do mundo. Por quê? Porque são seus filhos!

Fim

Academia de Gestão da Emoção

Faça sua avaliação da qualidade de vida emocional!

Essa classificação feita pela Academia de Gestão da Emoção não é rígida, mas flexível. Em psicologia, e também em coaching, nada é rígido ou irreversível.

Sem sintomas: qualidade de vida emocional excelente

1 a 2 sintomas: qualidade de vida emocional boa*

3 a 4 sintomas: qualidade de vida emocional razoável*

5 a 9 sintomas: qualidade de vida emocional

10 ou mais sintomas: qualidade de vida emocional péssima

* exceto se tiver insônia ou humor deprimido, pois estes sintomas agravam o quadro.

Sintomas psíquicos

- ❑ Cansaço exagerado ao acordar
- ❑ Pensamento acelerado
- ❑ Insônia
- ❑ Excesso de sono
- ❑ Esquecimento ou déficit de memória
- ❑ Desmotivação, desânimo
- ❑ Diminuição do prazer sexual ou libido
- ❑ Baixa autoestima
- ❑ Claustrofobia (medo de lugares fechados
- ❑ Irritabilidade ou baixo limiar para frustração
- ❑ Perda do prazer de viver
- ❑ Tristeza ou humor deprimido
- ❑ Falta de concentração
- ❑ Sofrimento por antecipação
- ❑ Angústia (ansiedade + aperto no peito)
- ❑ Agressividade
- ❑ Sentimento de culpa intenso
- ❑ Solidão, sentir-se só mesmo em meio à multidão
- ❑ Ideia de desistir da vida
- ❑ Dificuldade de conviver com pessoas lentas

Os sintomas psíquicos têm um sistema de relação uns com os outros. Por exemplo: quem tem insônia, geralmente, tem uma série de outros sintomas, tais como fadiga excessiva, irritabilidade, esquecimento.

Sintomas psicossomáticos

- ❑ Dor de cabeça
- ❑ Falta de ar
- ❑ Tontura
- ❑ Taquicardia
- ❑ Nó na garganta
- ❑ Aperto no peito
- ❑ Dores musculares
- ❑ Prurido (coceira)
- ❑ Gastrite
- ❑ Hipertensão quando está tenso
- ❑ Diarreia quando está tenso
- ❑ Aumento do apetite
- ❑ Diminuição do apetite
- ❑ Excesso de suor
- ❑ Choro ou vontade de chorar
- ❑ Mãos frias e úmidas
- ❑ Queda de cabelo
- ❑ Nenhum

Imagine uma Academia digital que ensina técnicas modernas de Gestão da Emoção para aprender a ser líder de si mesmo, proteger a mente, ser resiliente, trabalhar em equipe, impulsionar a criatividade, prevenir transtornos emocionais, enfim, os códigos da inteligência e da felicidade sustentáveis. Todos deveríamos saber que sem gestão da emoção ricos se tornam miseráveis, jovens sabotam sua criatividade, profissionais adoecem e casais começam seu relacionamento no céu de romance e o terminal no inferno da discussão!

A Academia de Coaching de Gestão da Emoção, além dos seus cursos e seminários on-line, terá programas digitais gratuitos importantíssimos para prevenir suicídios, bullying, superação de perdas dramáticas. Sejam bem-vindos ao treinamento dos treinamentos, às excelentes ferramentas e técnicas de gestão da emoção para que você tenha mais condições de se tornar autor da sua própria história!

Participe da Academia:
@AcademiaDeGestaoDaEmocao

Parabéns às escolas que educam a emoção

Parabéns às escolas que educam a emoção! Cabe destacar as mais de oitocentas escolas que adotaram o programa Escola da Inteligência. Elas descobriram que ele é o primeiro programa mundial de gestão da emoção para crianças e adolescentes, além de ser um dos raros programas mundiais de prevenção de transtornos emocionais e controle da ansiedade para alunos. É, ainda, um dos maiores programas de educação socioemocional da atualidade em todo o planeta. São mais de 300 mil estudantes. Só no ano passado, 80 mil novos alunos entraram no programa no Brasil.

Temos o maior time de psicólogos e pedagogos especialistas em educação socioemocional do país. Eles, inclusive, já treinaram dezenas de milhares de pais e mais de 6 mil professores aplicadores para formar alunos intelectual e emocionalmente saudáveis. Esses professores são profissionais da própria escola que, apoiados com riquíssimo material, dão uma aula por semana dentro da grade curricular.

Valores como ética e responsabilidade qualquer escola deveria ensinar. Mas o programa Escola da Inteligência vai muitíssimo além disso. O objetivo dele é que as crianças e os adolescentes aprendam a proteger a emoção, ter autocontrole, autocrítica, trabalhar perdas e frustrações, colocar-se no lugar dos outros, pensar antes de reagir, trabalhar em equipe, ser empreendedor, libertar a criatividade, se reinventar no caos, ter resiliência, aumentar o limiar para suportar frustrações, ser autor da própria história. Além disso, o programa melhora a oratória, o debate de ideias e a redação.

O Dr. Augusto Cury idealizou o programa durante trinta anos. Agora, há diversos países querendo importá-lo. É o Brasil contribuindo com a humanidade! Além do programa ter um valor muito acessível, estamos usando recursos do programa para aplicá-lo gratuitamente em orfanatos e em algumas escolas com alto índice de violência no Brasil.

Os pais ficam encantados, os professores ficam fascinados e muitos alunos do Ensino Infantil ao Médio não veem a hora de chegar a aula do programa! Queridos pais: se vocês acham importante que seu filho participe do programa Escola da Inteligência, solicitem o mais rápido que a direção da escola do seu filho o conheça.

Para mais informações:

www.escoladainteligencia.com.br

Telefone: (16) 3602-9420

E-mail: comercial@escoladainteligencia.com.br

Este livro foi composto em Adobe Garamond Pro e impresso pela RR Donnelley
para a Editora Planeta do Brasil em fevereiro de 2018.